艺创与专创

——艺术院校学生创新创业基础

陈蔚旻 孙熙然 唐佳妮等 编著

中原出版传媒集团
中原传媒股份公司

河南电子音像出版社
·郑州·

图书在版编目（CIP）数据

艺创与专创：艺术院校学生创新创业基础 / 陈蔚旻等编著. — 郑州：河南电子音像出版社，2022.6

ISBN 978-7-83009-476-8

Ⅰ．①艺… Ⅱ．①陈… Ⅲ．①高等学校-艺术学校-大学生-职业选择 Ⅳ．①J12-40 ②G647.38

中国版本图书馆 CIP 数据核字 (2022) 第 065028 号

艺创与专创：艺术院校学生创新创业基础

陈蔚旻　孙熙然　唐佳妮等 编著

责任编辑：刘少梅　　范丽娜
责任校对：李晓杰
装帧设计：元诗歌文化

出版发行：河南电子音像出版社
　　地址：郑州市郑东新区祥盛街 27 号
　　邮编：450016
　　电话：0371-53610155
印　　刷：河南美图印刷有限公司
开　　本：960 mm×1060 mm　1/16
印　　张：8.5
字　　数：141 千字
版　　次：2022 年 6 月第 1 版
印　　次：2022 年 6 月第 1 次印刷
定　　价：36.00 元

目　录

第一章　　市　　场

一、创业故事：荔枝微课——打造知识分享新平台

荔枝微课是华南理工大学毕业生的创业项目，2016年6月，产品正式上线，9个月内就获得近亿元融资。目前，这一在线教育学习平台已拥有近千万的用户，注册讲师近百万人，孵化出月入10万的教师100多位。

荔枝微课最初的19人创业团队中有一半毕业于华南理工大学，其项目合伙人、荔枝微课项目CEO黄冠和CMO陈劢皆毕业于华南理工大学计算机科学与工程学院。早在学生时代，他们就已经开始创业，积累了丰富的创业经验。陈劢的创业起步较早，大一时陈劢开了自己的第一家淘宝店，从一开始一周只有五六份订单到一周几百份订单，从销售别人的产品到定制生产再到拥有自己的工厂，陈劢的生意逐渐做大，也吸引了众多师弟师妹加入这个创业团队。"那时候大学城的快递还不发达，而圆通的唯一一个学校驻点就设在华南理工大学，这还有我的贡献呢！"陈劢笑着说道。

2012年，陈劢转让了自己的工厂和淘宝店，开始转战移动互联网领域，主要围绕微信朋友圈做微信流量。那时，她敏锐地发现有很多企业选择在微信群给员工授课培训。但这种培训方式存在局限性：一是具有人数限制，二是内容无法积淀和传播。打造一个平台，使其能便捷地实现在线教育培训，且具有分享、评论、打赏等功能的想法在陈劢脑海中盘旋，而黄冠是陈劢首先想到的合伙人。"荔枝微课的最终定位是终身学习的在线教育平台，它不仅仅是纯知识的内容传播，也具有社会性功能。"创始人渴望能利用互联网消除知识与人之间的鸿沟，教学双方只需通过手机就能随时随地实现教学互动，最便捷地让用户获取和分享知识。

上线一年，荔枝微课接连获得金沙江千万级人民币天使轮融资，以及由高榕资本领投、金沙江创投跟投的千万级美金 A 轮融资。在自身发展的同时，荔枝微课也关注公益项目，为地震受灾心理辅导等公益性课程进行免费推广。

二、创业理论

（一）市场

经济学家从不同的角度提出了几种市场的定义。

（1）市场是商品交换的场所，亦即买主和卖主发生交易的地点或地区。

（2）市场是指商品流通领域，反映的是商品流通的全局，是交换关系的总和。

（3）市场是买主、卖主力量的结合，是商品供求双方的力量相互作用的总和。

市场营销学所研究的"市场"是指需求，是企业一切现实和潜在的需求，即企业一切现实和潜在的顾客组成的群体。

（二）市场营销

市场营销是个人和群体通过创造并同他人交换产品和价值以满足需要和欲望的一种社会和管理过程。其包括市场调研、选择目标市场、产品开发、产品定价、渠道选择、产品促销、产品储存和运输、产品销售、提供服务等一系列与市场有关的企业业务经营活动。

1. 正确理解市场营销的含义

（1）市场营销的含义不是一成不变的，而是处在不断发展之中。

（2）市场营销有微观和宏观之分。

（3）现代市场营销不等于推销销售。

（4）市场营销的核心思想是交换。

2. 市场营销的要点

（1）市场营销的目标：获得顾客，挽留顾客，提升顾客。

（2）市场营销的核心：交换。

（3）市场营销的业务：创造、传播和交付顾客价值及管理客户关系。

（4）市场营销的关键：需求满足程度及交换过程管理。

3. 市场营销的核心概念

市场营销的核心概念包含需要、欲望和需求，效用、费用和满足，交换、交易和关系，市场营销和市场营销者。

（1）需要、欲望和需求。

①需要：人们与生俱来的基本要求。人们的需要包括对食品、服装、温暖和安全的基本生理需要，对归属和情感的社会需要，以及对知识和自我表达的个人需要。市场营销者不能创造这种需要，只能适应它。

②欲望：想得到需要的具体满足品的愿望。不同背景下的消费者欲望不同，比如中国人需要食物则想到米饭，法国人需要食物则想到面包，美国人需要食物则想到汉堡包。人的欲望受社会因素及机构影响，诸如职业、团体、家庭等。因而，欲望会随着社会条件的变化而变化。市场营销者能够影响消费者的欲望，如建议消费者购买某种产品。

③需求：有支付力并愿意购买某个具体产品的欲望。消费者的欲望在有购买力的基础上转变为需求。许多人想购买名牌轿车，但只有具有支付能力的人才能购买。因此，市场营销者不仅要了解有多少消费者需要其产品，还要了解他们是否具有购买力。

（2）效用、费用和满足。

①效用：消费者对产品满足其需要的整体能力的评价。消费者如何选择所需的产品，主要是根据对满足其需要的每种产品的效用进行估价而决定的。效用是消费者对满足其需要的产品的全部效能的估价。

产品全部效能的标准如何确定？例如某消费者到某地所使用的交通工具，可以是自行车、摩托车、汽车、飞机等，这些可供选择的产品构成了产品的选择组合。假设某消费者要求一个产品能满足不同的需求，即速度、安全、舒适及节约成本，这些构成了其需求组合。这样，每种产品有不同性能来满足其需要，如自行车省钱，但速度慢；汽车速度快，但成本高。消费者将最能满足其需求至最不能满足其需求的产品进行排列，从中选择出理想的产品，最后通常依据对产品价值的主观评价和支付的能力来做出购买决定。

②费用：人们在获得使其需要得以满足的产品效用的同时，必须支付相应的

费用。

③满足：顾客选择所需的产品除效用、费用因素外，满足感亦是因素之一。如果顾客追求满足感，则不会简单地只看产品价格的高低，还会看产品给自己带来的心理层面的满足的多少。

（3）交换、交易和关系。

①交换：以自己某种东西作为回报，从他处取得所需物的行为。人们有了需求和欲求，企业亦将产品生产出来，至此还不能称之为市场营销，只有通过等价交换，买卖双方彼此获得所需的产品，才产生市场营销。可见，交换是市场营销最核心的概念。

要完成一笔交换，必须满足几个条件：至少要有两个参与交换的伙伴；参与的一方要拥有另一方希望获得的物品；双方能相互沟通，并能将商品或是服务传递；参与一方拥有接受或拒绝的权利。

②交易：是交换的基本组成部分，是由双方间的价值交换所构成的行为。交易是指以货币为媒介进行的买卖双方价值的交换。交易涉及几个方面，即：两件有价值的物品，双方同意的条件、时间、地点，维护和迫使交易双方执行承诺的法律制度。

③关系：交易营销是关系营销大观念中的一部分。精明能干的市场营销者都会重视客户、分销商，并与其建立长期、信任和互利的关系。而这些关系要依据承诺为对方提供高质量产品、良好服务以及公平价格来实现，依据双方加强经济、技术、社会联系来实现。关系营销可以减少交易的费用和时间，最好的交易是使协商程序化。

处理好企业同客户关系的最终结果是建立市场营销网络，市场营销网络是由企业同市场营销中介人建立起牢固的业务关系。

（4）市场营销和市场营销者。

①市场营销：又称市场学、市场行销或行销学，市场是经济的范畴，是一种以商品交换为内容的经济形式。

②市场营销者：是指希望从别人那里取得资源并愿意以某种有价值的东西作为交换的人。

（三）市场环境分析

市场环境分析：环境是影响企业营销战略的重要因素，如图 1-1 所示。

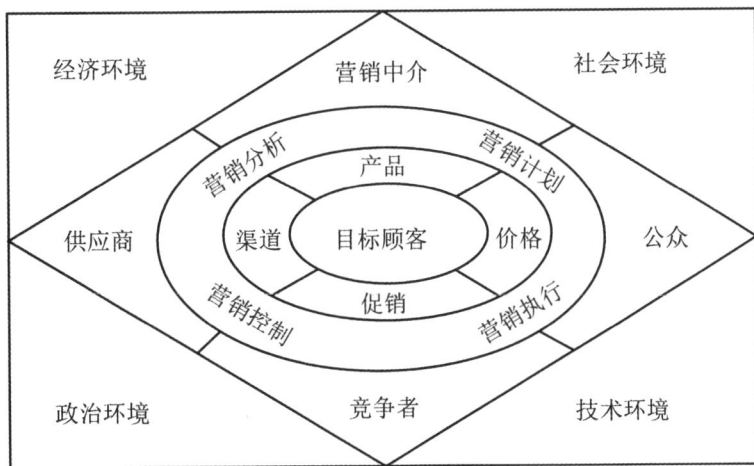

图 1-1 市场环境分析

下文从不同层面来介绍一下市场环境分析工具。

1. 宏观层面——PEST 分析

PEST 分析是战略咨询顾问用来帮助企业检阅其外部宏观环境的一种方法，是指宏观环境的分析。宏观环境又称一般环境，是指影响一切行业和企业的各种宏观力量。对宏观环境因素做分析，不同行业和企业根据自身特点和经营需要，分析的具体内容会有差异，但一般都应对政治、经济、社会和技术这四大类影响企业的主要外部环境因素进行分析。

（1）政治环境因素。政治环境包括一个国家的社会制度，执政党的性质，政府的方针、政策、法令等。不同的国家有着不同的社会性质，不同的社会制度对组织活动有着不同的限制和要求。即使社会制度不变的同一国家，在不同时期，由于执政党的不同，其政府的执政方针特点、政策倾向对组织活动的态度和影响也是不断变化的。

（2）经济环境因素。经济环境主要包括宏观和微观两个方面的内容。宏观经济环境主要指一个国家的人口数量及其增长趋势，国民收入、国民生产总值及其变化情况，通过这些指标能够反映的国民经济发展水平和发展速度。微观经济环境主要指企业所在地或所服务地区消费者的收入水平、消费偏好、储蓄情况、就业程度等因素。这些因素直接决定企业目前及未来的市场大小。

（3）社会文化环境因素。社会文化环境包括一个国家或地区的居民受教育程度和文化水平、宗教信仰、风俗习惯、审美观点、价值观念等。文化水平会影响居民的需求层次，宗教信仰和风俗习惯会使居民禁止或抵制某些活动的进行，审美观点会影响人们对组织活动内容、活动方式以及活动成果的态度，价值观念会影响居民对组织目标、组织活动以及组织存在本身的认可度。

（4）技术环境因素。技术环境除了要考察与企业所处领域的活动直接相关的技术手段的发展变化外，还应及时了解以下情况：

①国家对科技开发的投资和支持重点；

②该领域技术发展动态和研究开发费用总额；

③技术转移和技术商品化速度；

④专利及其保护情况。

2. 行业层面——波特五力模型

迈克尔·波特于 20 世纪 80 年代初提出波特五力模型。他认为行业中存在着决定竞争规模和程度的五种力量，这五种力量综合起来影响着产业的吸引力以及现有企业的竞争战略决策。这五种力量即：供应商的议价能力、购买者的议价能力、潜在竞争者进入的能力、替代品的替代能力、行业内竞争者现在的竞争能力。

（1）波特五力模型分析。

①供应商：指向企业及其竞争对手供应各种所需资源的企业和个人，包括提供原材料、设备、能源、劳务等。供应商的议价能力，即现有企业向供应商购买原料时，供应商争取获得较好价格的能力。如果企业做饼干生意，市场上只有一家面粉店，企业别无选择，只能通过供应商购买。供应商可能拒绝与企业合作，或因独有资源收取过高的价格。因此，如果企业可用的供应商数量少，则企业处于相对弱势；相反，可用供应商多，企业则处于更好的位置。

②购买者：指对某类商品有需求，并愿意通过支付一定数额的资金获得商品的所有权的一方，买方可能是企业、政府组织或普通消费者。购买者的议价能力，即买方通过压价与要求提供较高的产品和服务质量的能力。它由以下几个因素驱动：市场中的买家数量，每个个体买家对组织的重要性，从一个供应商切换到另一个供应商的买方的成本。

③新进入的威胁：指新的竞争对手带着新增生产能力进入市场，必然会分享市场份额和资源，构成对现有企业的威胁，因而要评估潜在竞争者进入的能力。盈利的市场必然会吸引新的进入者，但这会导致行业中现有企业的盈利水平降低。除非企业具有强大而持久的进入壁垒，例如专利、规模经济、资本要求或政府政策，否则盈利能力将会受损。

④替代威胁：指某产业中的产品能够满足其他产业的同类需求的程度。当市场上存在紧密替代产品时，它增加了客户因价格上涨而转向替代品的可能性，这降低了供应商的实力和市场的吸引力。

⑤行业竞争：指企业之间为了生存、发展、开拓市场、增加收益及扩大市场规模而进行的博弈。行业竞争主要驱动力是市场竞争对手的数量和能力。比如许多竞争对手提供无差别的产品和服务，这将降低其市场吸引力。

（2）波特五力模型建立在以下三个假定基础之上：

①制定战略者了解整个行业的情况；

②同行业之间只有竞争关系，没有合作关系；

③行业规模固定，只有通过夺取对手的份额才能占有更大的资源和市场。

（3）波特五力模型与一般战略的关系。如表1-1所示。

表1-1　波特五力模型与一般战略的关系

行业内的五种力量	一般战略		
	成本领先战略	产品差异化战略	集中战略
进入障碍	具备杀价能力以阻止潜在对手的进入	培育顾客忠诚度以挫伤潜在进入者的信心	通过集中战略建立核心能力以阻止潜在对手的进入
买方砍价能力	具备向大买家出更低价格的能力	因为选择范围小而削弱了大买家的谈判能力	因为没有选择范围使大买家丧失谈判能力
供方砍价能力	更好地抑制大卖家的砍价能力	更好地将供方的涨价部分转嫁给顾客方	进货量低，供方的砍价能力就高，但集中差异化的公司能更好地将供方的涨价部分转嫁出去
替代品的威胁	能够利用低价抵御替代品	顾客习惯于一种独特的产品或服务而降低了替代品的威胁	特殊的产品和核心能力能够防止替代品的威胁
行业内对手的竞争	能更好地进行价格竞争	品牌忠诚度能使顾客不理睬你的竞争对手	竞争对手无法满足集中差异化顾客的需求

3. 企业层面——SWOT 分析矩阵

当今企业的战略规划报告，多运用来自麦肯锡咨询公司的 SWOT 分析，包括分析企业的优势、劣势、机会和威胁。因此，SWOT 分析实际上是对企业内外部条件等各方面内容进行综合和概括，进而识别组织的优劣势、面临的机会和威胁的一种方法。如表 1-2 和图 1-2 所示。

表 1-2　SWOT 基础概念

外部环境	内部能力	
	了解公司的优点	了解公司的缺点
机会	SO	WO
掌握外部环境的机会因素	利用内部优势和外部环境机会的应用战略方案	利用外部环境机会，弥补内部劣势的应用战略方案
风险	ST	WT
掌握外部环境的风险因素	利用内部优势，规避外部环境威胁的对应战略方案	减少内部劣势，规避外部环境威胁的对应战略方案

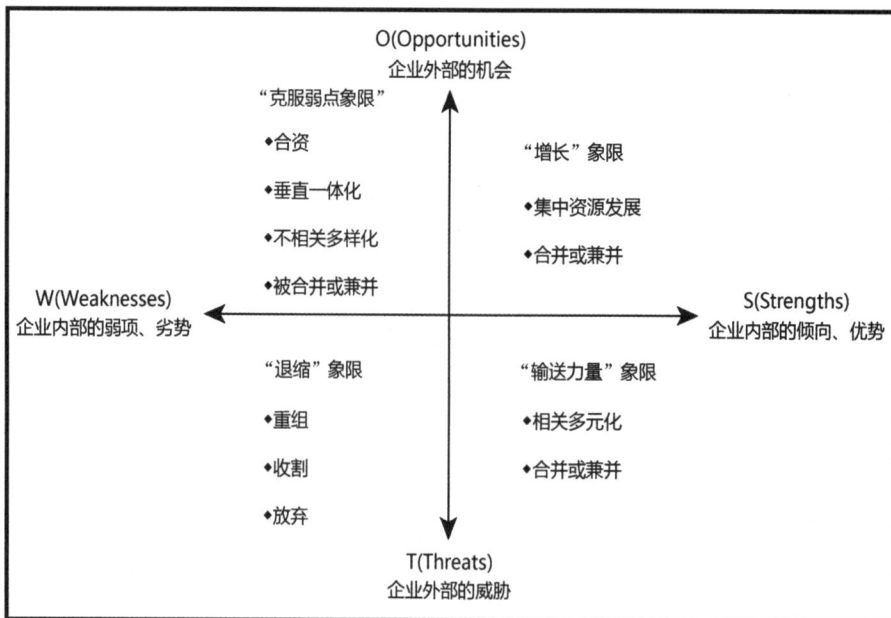

图 1-2　SWOT 分析企业内外部条件

（四）目标市场确定

市场细分的概念是由美国营销学家温德尔·史密斯在 1956 年最早提出的，再由美国营销学家菲利普·科特勒进一步发展和完善形成 STP 理论，是战略营销的核心内容。它包括三要素：市场细分、目标市场选择、市场定位。如图 1-3 所示。

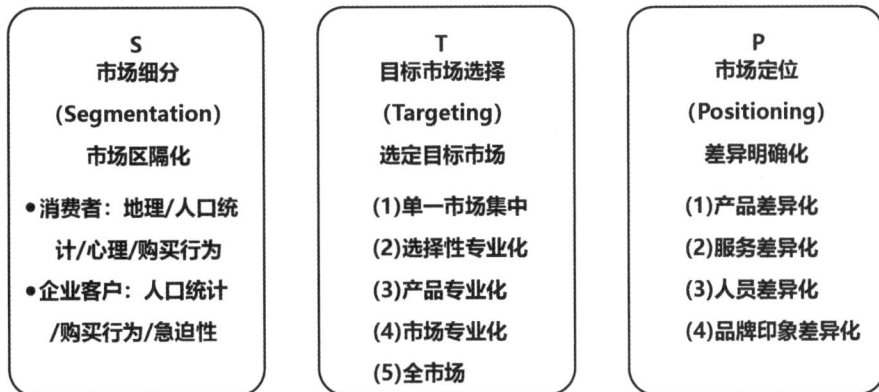

S 市场细分 (Segmentation) 市场区隔化	T 目标市场选择 (Targeting) 选定目标市场	P 市场定位 (Positioning) 差异明确化
•消费者：地理/人口统计/心理/购买行为 •企业客户：人口统计/购买行为/急迫性	(1)单一市场集中 (2)选择性专业化 (3)产品专业化 (4)市场专业化 (5)全市场	(1)产品差异化 (2)服务差异化 (3)人员差异化 (4)品牌印象差异化

图 1-3　STP 理论

1. 市场细分

STP 理论认为，市场是一个综合体，是多层次、多元化的消费需求集合体，任何企业都无法满足其所有需求，企业应该根据受众需求与购买力等因素，把市场分为由相似需求构成的消费群，即若干子市场，这就是市场细分。

2. 目标市场选择

著名的市场营销学者麦卡锡提出了应当把消费者看作一个特定的群体，称为目标市场。通过市场细分，有利于明确目标市场，通过市场营销策略的应用，有利于满足目标市场的需要。即目标市场是通过市场细分后，企业准备以相应的产品和服务满足其需要的一个或几个子市场。

那么选择目标市场则是企业在营销活动中的一项重要策略。因为并非所有子市场对企业本身都具有吸引力，任何企业只有扬长避短，找到有利于发挥本企业现有优势的目标市场，才能在庞大的市场上占有优势。选择目标市场一般运用下列三种策略。

（1）无差别性市场策略。即企业把整个市场作为自己的目标市场，用单一的营销策略开拓市场，不考虑市场的差异性。这种策略的优点是统一产品设计，可保证质量和大批量生产，从而降低生产的成本和销售的成本。

（2）差别性市场策略。即企业把整个市场细分为若干子市场，并针对各个细分市场的特点，对不同的产品进行设计，从而制定差异化的营销策略，迎合不同的消费需求。这种策略的优点是能满足不同的市场消费者的需求，有利于扩大销售业绩、提高市场占有率、打造企业品牌影响力。其缺点是由于产品设计和营销策略的差异化，大量增加管理成本和难度，提高了生产成本和销售渠道费用。

（3）集中性市场策略。即在若干细分后的市场里，选择一个或少数几个细分市场作为目标市场，定制营销策略，实行专业化、规模化的生产，从而在个别少数市场上发挥领先优势并提高市场占有率的策略。这是大部分中小型企业应当采用的策略，它要求企业对目标市场有深度的了解。企业选择集中性市场策略，能集中优势力量，对产品进行优化设计，同时在降低生产成本的情况下提高企业和产品的知名度。但集中性市场策略有较大的经营风险，因为它的目标市场范围小，产品品种单一。如果目标市场的消费者需求和爱好发生变化，企业可能因应变不及时而陷入困境。同时，当强有力的竞争者打入目标市场时，企业将会受到严重影响。因此，许多中小企业为了分散风险，仍会选择一定数量的细分市场为自己的目标市场。如图 1-4 所示。

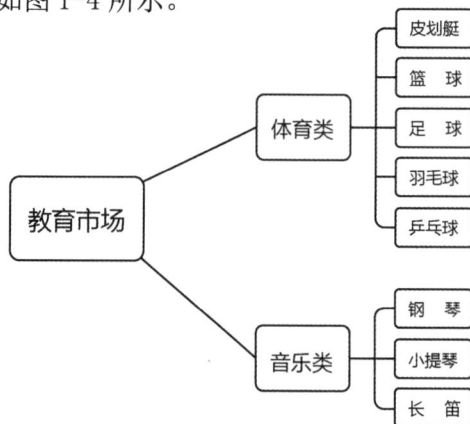

图 1-4　目标市场确认——教育市场细分

3. 市场定位

市场定位是美国学者艾尔·里斯在 20 世纪 70 年代提出的一个重要的营销概念。其含义是指企业根据竞争者现有产品在市场上所处的位置，针对顾客对该类产品某些特征或属性的重视程度，为本企业产品塑造与众不同的、印象鲜明的形象，并将这种形象生动地传递给顾客，从而使该产品在市场上确定适当的位置。

市场定位的实质是严格区分企业与其他企业，使客户能够清楚地感受和认识到这种差异，从而在客户眼中占据特殊的地位。

（五）营销组合策略

1.4P 营销组合策略

杰罗姆·麦卡锡于 1960 年在其《基础营销学》一书中第一次将企业的营销要素归结为四个基本策略的组合，即著名的 4P 营销理论，它包括产品、价格、渠道、促销。图 1-5 为以 4P 为核心的营销组合策略。

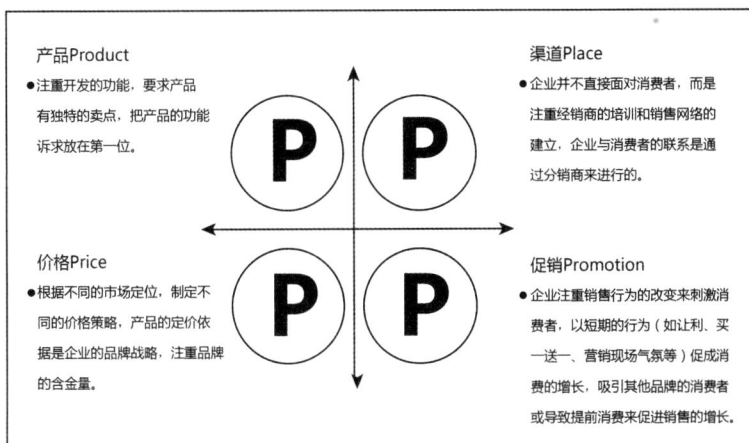

图 1-5　4P 营销组合策略

（1）产品。注重开发的功能，要求产品有独特的卖点，把产品的功能诉求放在第一位。如图 1-6 所示。

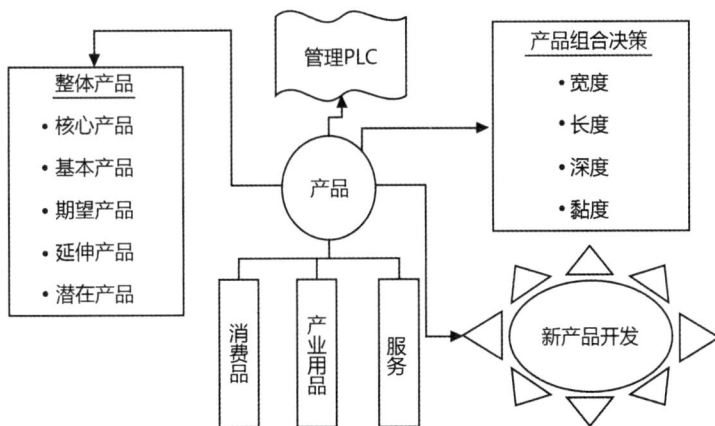

图 1-6　产品策略

思维拓展：为什么互联网公司喜欢做"单品爆款"？

例：果酱实验，为什么 A 组实验结果更加成功？如图 1-7 所示。

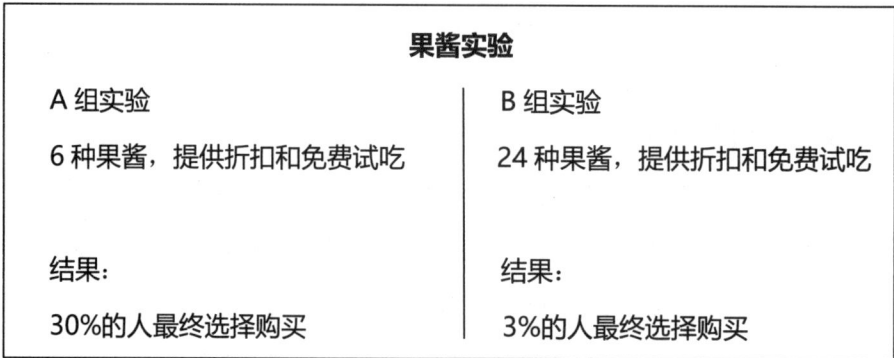

果酱实验

A 组实验

6 种果酱，提供折扣和免费试吃

B 组实验

24 种果酱，提供折扣和免费试吃

结果：

30%的人最终选择购买

结果：

3%的人最终选择购买

图 1-7　果酱实验

更少的选择意味着更低的决策成本，所以要降低消费者的成本，如图 1-8 和图 1-9 所示。

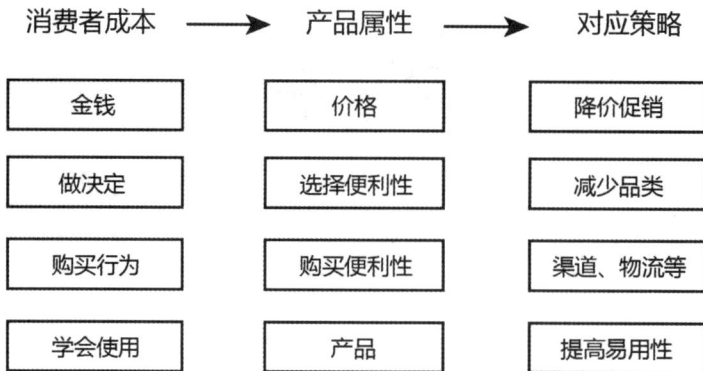

消费者成本　→　产品属性　→　对应策略

消费者成本	产品属性	对应策略
金钱	价格	降价促销
做决定	选择便利性	减少品类
购买行为	购买便利性	渠道、物流等
学会使用	产品	提高易用性

图 1-8　消费者决策成本

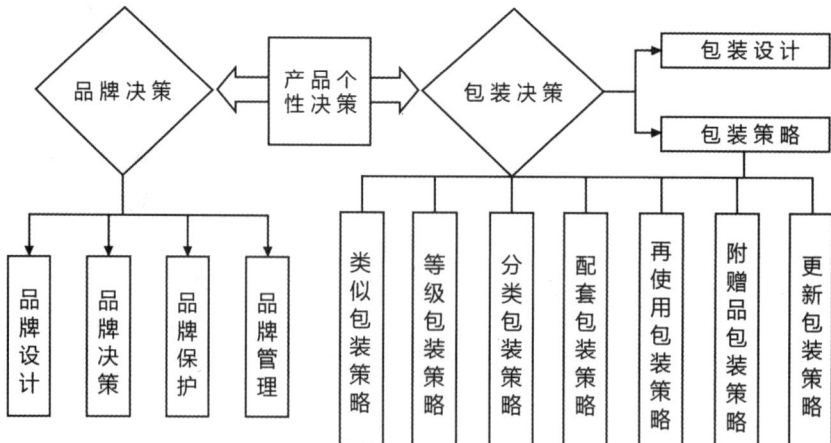

品牌决策　←　产品个性决策　→　包装决策　→　包装设计 / 包装策略

品牌：品牌设计、品牌决策、品牌保护、品牌管理

包装策略：类似包装策略、等级包装策略、分类包装策略、配套包装策略、再使用包装策略、附赠品包装策略、更新包装策略

图 1-9　产品个性决策

如何降低消费者的选择成本？

①在消费者做消费决策时，主动帮助消费者去对比，让消费者减少选择，限制消费者的选择范围；

②直观地告诉消费者，应该做什么；

③不过分聚焦于"市场调查"，只提供一个"最好的选择"；

④定制消费者需求等。

（2）价格。根据不同的市场定位，制定不同的价格策略，产品的定价依据是企业的品牌战略，注重品牌的含金量。如图1-10所示。

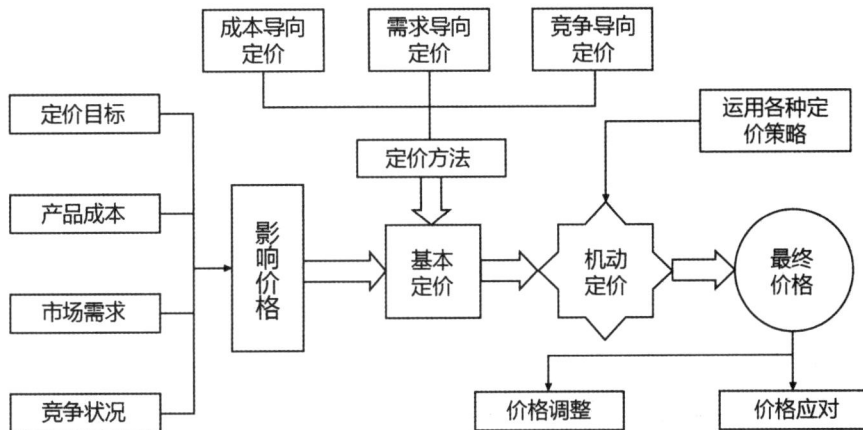

图 1-10 价格策略

思维拓展：6·18哪些价格策略让你欲罢不能？

为什么商家经常会定一个很高的初始价格，再打折促销？这是因为价格策略中的锚定效应的存在，即人们对某人某事做出判断时，易受到前一个事物的影响。价格策略还包括相对差异，概率折扣，心理账户，损失厌恶，捆绑损失、分散好处，尾数定价。

（3）渠道。企业并不直接面对消费者，而是注重经销商的培育和销售网络的建立，企业与消费者的联系是通过分销商来进行的。如图1-11所示。

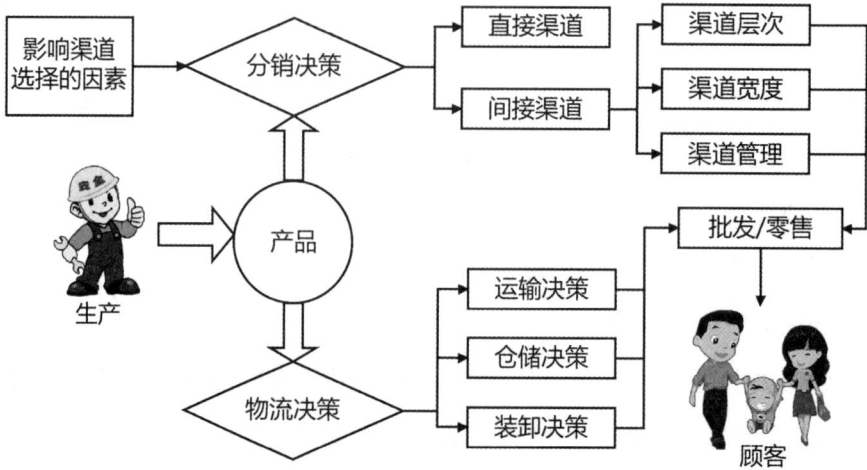

图 1-11　渠道策略

思维拓展：什么是新媒体营销渠道？

新媒体营销渠道，或称新媒体营销平台，主要包括但不限于：门户、搜索引擎、微博、微信、博客、播客、App 等。新媒体营销并不是单一地通过以上渠道中的一种进行的营销，而是需要多种渠道整合营销，甚至在营销资金充裕的情况下，可与传统媒介营销相结合，形成全方位立体式营销。

（4）促销。企业以改变销售行为来刺激消费者，多以短期的行为（如让利、买一送一、营造营销现场气氛等）促成消费的增长，吸引消费者提前消费以促进销售增长。如图 1-12 所示。

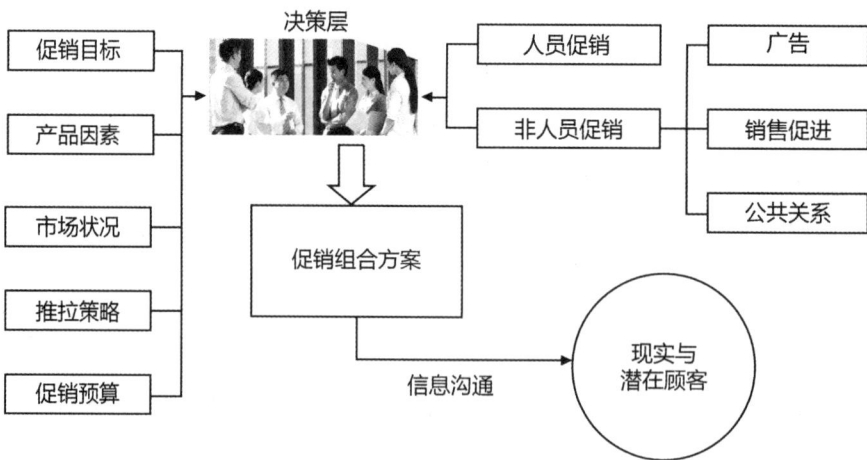

图 1-12　促销策略

思维拓展：为什么好的产品推广不出去？

某企业建立货车物流对接平台，该平台可以帮车主找货物、帮货物找车主，为双方提供了极大便利。事实上，当车主和货主听到有这样的平台后非常兴奋，表示即刻就使用。随着这个平台功能越来越多，虽然其初衷是更好地服务用户，但也无形中增加了用户的使用门槛。即使用户仍然觉得平台很好，大部分人却选择放弃再使用平台了。因此，在设计产品时，企业需要清楚驱动人行为的因素除了高级的"理智大脑"外，还有"初级大脑"。"理智大脑"负责实用性的客观思考，"初级大脑"包含边缘系统和爬行脑等各种人类进化初期的大脑分区，它们不具备思考和长远规划的能力，更加倾向于顺应人的本能欲望，它们充满短见、服从与习惯，害怕困难、担心威胁。产品不但要符合"理智大脑"，还需要唤醒"初级大脑"，这样才能更好符合用户的需求。那么，如何唤醒"初级大脑"？方法如图 1-13 所示。

如何唤醒初级大脑？

1.创造短期激励

大规模的补贴计划——乘客打一次车立减10元，司机拉一次乘客立得10元等

2.塑造充满诱惑力的故事

3.提供威胁感

5.建立进度

4.培养固定习惯

6.倡导简单第一步

7.提高理智大脑的控制力

图 1-13　唤醒初级大脑

2.营销组合策略案例分析

辣条被称为香辣诱人、入口弹牙、甜咸平衡、让人吃到停不下来的"零食之王"，这些形容足以说明它的味道令人印象深刻。如果用互联网思维来卖辣条，该怎么去做呢？

（1）产品。

所有成功的互联网创业者都遵循最基本的商业逻辑——填补缺口。随着科技发展、消费升级，之前合理的商业模式发生变化，变得不再合理，这时就会出现一个市场缺口，机会也随之出现了。

很多人喜欢吃辣条，是因为它诱人的口感和童年回忆。传统辣条价格便宜，质量太低，很多消费者宁愿支付更高的价格购买质量好的辣条。由于市场上没有"足够好"的辣条，这就使人萌生了做辣条行业轻奢品的想法。

从传统辣条的原材料转变为世界顶级原料，重新研制辣条，迭代产品。这就满足了人们的生理及安全需求。如图 1-14 所示。

传统辣条的原材料为:

• 重复使用的油
• 盐
• 糖
• 辣椒粉
• 香料（具体有什么未知）
• 香精
• 色素
• 防腐剂

互联网思维辣条的世界顶级原料:

• 黑龙江出口专用的天然大豆，自制豆皮；
• 美国Louana椰子油，可能是世界上最好的食用油；
• 台湾纯天然高山盐；
• 只用冰糖（太古经典黄冰糖）；
• 内蒙古开鲁天然辣椒，享受一整年的光照；
• 韩城大红袍花椒，花椒中的珍品；
• ……

最好的天然食材，不添加任何色素、香精

产品迭代

改良包装

图 1-14　辣条的商业逻辑

所有的产品都是为了满足需求，受欢迎的产品一定是满足了多层次需求。既然我们要用互联网思维做"辣条行业轻奢品"，就不能只满足单一的需求。那么互联网思维辣条就应如图 1-15 所示。

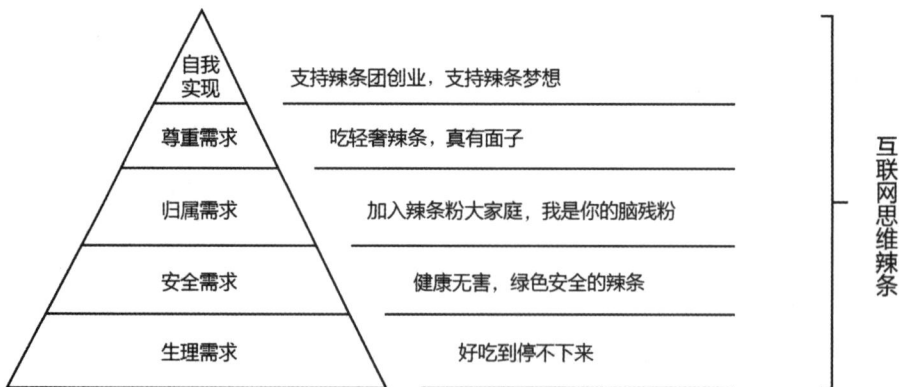

自我实现	支持辣条团创业，支持辣条梦想
尊重需求	吃轻奢辣条，真有面子
归属需求	加入辣条粉大家庭，我是你的脑残粉
安全需求	健康无害，绿色安全的辣条
生理需求	好吃到停不下来

互联网思维辣条

产品是为满足用户需求设计的

图 1-15　互联网思维辣条

（2）价格。

提高价格，使其成为同类中的高价。人们购买某种产品，经常会考虑"这个产品会给个人形象带来什么影响"。

假设你给一个女生送礼物，下面两种选择你觉得哪种更具档次？

①50 元的普通手机背贴

②500 元的当代艺术家全球限量版手机背贴

所有人都会觉得②更好。这是因为②是同类中的高价产品，而①是同类中的低价产品，任何有档次的本质都是"同类中的高价"，所以②会比①更具档次。

人们对"档次"的感知不是"花的钱多少"，而是"是否是同类中的高价产品"。即使相同的价格，但是被用户归类到不同的类别后，感知就会显著不同。同样，虽然辣条只卖十几元，但已经属于同类中的高价产品（其他辣条有的只卖几毛），这就足以提升消费的档次。

（3）渠道和促销。

每年开展一次具有剧场效果的互联网辣条新品发布会，邀请中国知名的辣条测评人测评，"辣条发烧圈"发表"如何选购最极致的辣条？"的个人体验。可以采取以下方式。

①成立"辣条粉丝团"。

②打造让粉丝朝圣的圣地——线下体验店，定位为"让白领们回到童年"。

③在店内展示辣条的生产过程，甚至让慕名前来的粉丝亲自参与辣条制作，享受个性化辣条的制作体验。

④开发辣条汉堡、辣条配牛排甚至辣条味马卡龙等产品，店内弥漫着品牌定制版诱人香味，使这家店不仅仅是体验店，更具有餐厅或咖啡厅的"食用"功能。

⑤尽力塑造"童年的感觉"，店内特意设置"小霸王学习机"，使长大的80 后、90 后们重新体验童年的快乐。

⑥成为消费者的代表，企业宣传的广告词可以为"谁说辣条一定有害健康！"，成为粉丝心中反抗者的代表；企业还可以发布《资深产品经理自述：我为什么宁愿卖辣条，也要离开大企》等吸引消费者的文章。

三、案例分析

（一）成功案例——国内某知名调味品公司

1. 产品

公司创始人凭借自己独特的炒制技术，推出了别具风味的佐餐调料——风味豆豉。公司作为油辣椒品类的创造者，在香辣酱类产品上拥有绝对的产品优势，形成消费者固定印象。公司有着"质量为本"的坚定信念，产品具有可靠性。

在产品与品牌上，公司的产品采用"创始人姓名"作为品牌名称，共用品牌策略更能使新产品让消费者接受。从产品结构上看，公司专注于风味豆豉。多年来，该公司先后推出风味豆豉、油辣椒、鲜牛肉粉等 20 多个系列产品充实产品线，有效地增加利润，防止其他竞争者的入侵，成为中国最大的辣椒酱制造商。

2. 价格

调味品公司的价格体系始终与消费市场相匹配。一开始，公司密切关注同行的定价。随着人民生活水平的提高，公司在保障产品质量的同时，制定适合消费水平的价格，既保证了经销商的利润，又被消费者接受。除辣椒酱外，公司推出的其他 20 多个系列产品定价在几元至十几元不等，占据餐饮消费群体惯性消费支出的主流价格区间。

企业在确定产品价格后，往往会因客观环境和市场条件的变化而对价格进行修改和调整，以适应消费水平和通货膨胀。

3. 渠道

除国内市场外，公司还设立了海外授权代理商，向美国、日本、澳大利亚、新西兰等 30 多个国家出口产品。此外，由公司创办的经销商峰会为经销商和企业提供了平等对话、相互学习、相互监督的机会。

4. 促销

（1）饥饿营销。在早期市场中，公司采用饥饿营销的战略模式来吸引潜在客户，从而扩大市场规模、提高销售额。

（2）不做广告营销。公司的高品质产品和独特的口味被视为最好的广告。

（3）完善的客户服务。公司自成立以来，高度重视售后服务，将产品售后作为提升公司核心竞争力的重要组成部分。在 31 个省（自治区、直辖市）的授权代理商中专门设立售后服务部门，并在各地区设立区域经销商售后服务部门。

（二）失败案例——"RY"洗发水

某世界著名日用消费品公司的营销能力早被营销界所传颂，但公司推出的第一个针对中国市场的本土品牌——"RY"洗发水却一败涂地，短期内就黯然退市。

在"植物""黑发"等产品概念的进攻下，公司旗下产品被竞争对手贴上了"化学制品""非黑头发专用产品"的标签。"化学制品"的概念根植于部分消费者的头脑中，无法改变。面对这种攻击，公司无力还击。为了改变这种被动的局面，公司调整了其产品战略，决定引入"黑发"和"植物"等概念品牌。

在新策略的指引下，公司按照其固有流程开始研发新产品。从消费者到竞争对手，从名称到包装，公司处处把关测试。经过长达 3 年的市场调查、产品测试，终于使"RY"迈上了起跑线。出人意料的是，"RY"刚刚面市，就被同期推出的"XSL"品牌抢先占得优势，公司推出的第一个本土品牌只能接受夭折命运。

在产品上，"RY"采用和主流产品不同的剂型，使用中需要经过洗发和润发两个步骤，这种产品在 20 世纪 80 年代曾是消费主流，但对于已经接纳了"2 合1"产品的消费者，并不希望将洗发时间拖长一倍。

在价格上，"RY"把目标消费群体定位在高素养城市白领女性，但此类群体普遍对"黑头发"不感兴趣。针对该人群的高定价，又无法被喜欢"黑头发"的目标消费群体接受；加之"RY"又沿袭了"PR"等老品牌的强势价格策略，在这种定价体系下，经销商处于没有利润、又不得不做的尴尬境地。

在渠道上，新品牌"RY"的价格政策，则无疑会导致经销商对其采取抵制态度，致使产品不能快速地铺向市场。

在促销上，"RY"的产品概念推广比起"XSL"黑芝麻洗发水，显得笨拙有余、锐利不足。对于黑发概念，"XSL"通过强调自己的黑芝麻成分，使消费者由产品原料对产品功能产生天然联想，从而事半功倍，大大降低了概念传播的难度；而"RY"在宣传产品概念时，似乎并没有强调对黑发有作用的首乌成分。

小 结

本章主要讲述的是市场与市场营销，主要包括市场环境分析、目标市场确认、4P 营销组合策略这三个方面内容。

市场环境分析是企业市场营销活动的立足点和根本前提，使学生通过学习 PEST 了解如何进行宏观环境分析，通过波特五力模型了解如何进行行业分析，运用 SWOT 分析矩阵了解如何对产品市场竞争性进行分析。学习这三大市场环境分析工具后，能更加深入了解市场环境分析的重要性以及市场分析的方式。

STP 理论的根本要义在于选择确定目标消费者或客户，其包括市场细分、目标市场和市场定位三要素。通过学习 STP 理论，了解如何站在用户的角度，根据用户的需求、欲望、购买行为等维度的多元化和差异性来细分市场，学会如何对目标市场进行确切的分析。

4P 营销组合策略由产品、价格、促销和渠道组成，通过对"单品爆款"、6·18 价格策略、促销渠道、"辣条"等营销案例的详细分析，能加深对市场营销概念及其要素的学习和思考。

最后，通过对调味品公司的成功案例和"RY"洗发水的失败案例的营销策略分析，结合市场环境分析工具进行有针对性的理解，不仅可以提高对市场环境进行分析的能力，同时也能更好地深入了解目标消费者或客户，使得公司在创业过程中能够更好评估顾客、竞争对手，从而制定合适的市场营销计划，为客户提供他们需要的产品和服务。

章节思考

1. 请说出市场营销学的核心概念。

2. 通过对 STP 理论的学习，自由组成 5 人小组，完成以下关于 STP 的营销策略规划。

企业: _____

Segmentation 市场区隔化 细分市场	
Targeting 目标市场选择 选定目标市场	
Positioning 市场定位 差异明确化	

3. 通过对 4P 营销组合策略的学习，自由组成 5 人小组，根据以下表格制定营销组合策略。

Product 产品	
Price 价格	
Place 分销	
Promotion 促销	

第二章　产品或服务设计

一、创业故事："A音乐"创业之路

公司名称：D音乐有限责任公司

公司规模：20～99人

公司行业：音乐教育培训

公司类型：民营

创办时间：2014年

创 办 人：J和W

（一）突破传统　打通兴趣的出口

一定要具备专业的音乐知识和扎实的音乐技能才有可能在音乐教育行业大展拳脚吗？"A音乐"的联合创始团队给了我们不一样的答案。"A音乐"隶属于D音乐有限责任公司，于2014年成立，是一家专注于音乐教育培训的机构。

在"A音乐"成立的早期，它的创办人J和W表示，自己并非音乐专业出身，只是靠着兴趣和爱好在业余时间学习音乐。也正是由于对音乐的热爱，使他们意识到有很多像他们一样的成年人，没有扎实的乐理基础，更没有接受过系统的音乐培训，但却非常热爱音乐并希望能通过一些途径进行学习。所以，他们成立了"A音乐"，一家服务于成人音乐教育的公司。

他们希望打破传统的音乐教育模式，以用户的"兴趣"作为连接点，借助于线上教学的便利和自由性，拓宽用户对音乐的"兴趣口径"，并不断向外系统输出音乐内容。在接受采访时他们曾表示："我们团队里的爵士乐爱好者常常说自己是走上爵（绝）路，也爵（绝）不回头。"

（二）分级授课　精细化运营

正如创办人所面临的困难，非专业出身的"半路者"在学习中面临着一样的困境，如专业音乐基础知识弱、乐器不同、可供学习的资料分散杂乱等。为解决这个问题，"A音乐"将平台课程分为入门级和进阶级。

入门级的课程适用于新手，为防止枯燥、老旧的教学模式使用户感到疲惫，就要做到持续吸引用户兴趣，让用户"开心地学""轻松地学"。例如在弹唱教学上，会让用户先学会一个简单的旋律，不过分纠结于指法和手型的问题，等用户小有所成，就会按照兴趣对用户进行引导。

进阶级课程则会在用户有一定基础后，将乐理与弹奏相结合，帮助用户创造更多音乐上的可能性，以此来深度连接用户。通过这样的"分级授课"的形式，"A音乐"真正抓住了用户痛点，针对不同音乐水平的用户进行精细化的运营，从而不断增强用户黏性。

（三）洞察先机　紧跟时代风向

"A音乐"作为一家主攻线上的在线音乐教育机构，紧跟时代风向，以互联网思维进行自我营销和企业品牌宣传。该机构利用公域流量引流到私域流量池，最大限度地转化用户。在抖音、头条等设有多个账号，通过短视频展示、讲解和互动，成功将流量引流到淘宝店铺、公众号、App及小程序等。

自2016年在线教育兴起之后，在整个教育环境的转型中，"A音乐"也迎来了发展的转折点。"E"是一个基于客户需求和市场变化，围绕"知识产品和用户服务"不断演化发展的数字化工具。"E"主要提供品牌营销、商业变现、用户运营等服务，能帮助企业进行线上转型。"A音乐"在2017年与"E"合作，改变了原本的运营模式，开启稳定的"直播+录播"教育模式。此外，"A音乐"还借助"E"进行"精准化营销"和"训练营模式"，利用互联网的社交属性和大数据的优势，为"A音乐"创收了一大批流量用户。

二、创业理论

（一）用户探索与产品或服务设计

1. 用户需求类型

首先，为什么要以人为本进行用户研究？由于文化艺术类产品或服务具有主观性，因此对于每位用户来说，需求都不会相同。正因如此，开发此类产品或服务，更需去探索用户的真正需求，这样才能真正为用户设计他们想要的产品。而文化艺术类产品或服务的用户，大致上具有以下几种需求类型。

（1）审美需求。

对于文化艺术类产品或服务，用户自身有着审美的需求。此类用户大部分都受过良好的高等教育，从小在文化艺术环境的熏陶中成长，对文化艺术类产品或服务抱有强烈的审美感。但同时，这类用户也会对文化艺术类的产品或服务有更高的要求和追求，所以当面对此类用户时，更需展现产品或服务的专业性，才能吸引他们。

（2）教育需求。

拥有教育需求的用户占文化艺术类产品或服务用户的比重最多。这类用户认为文化艺术不仅能够提高人的审美能力，也能提高人们的智力、身体协调能力、理解能力等，从而更好地应对生活或工作。因此，面对此类用户时，要强化文化艺术类产品或服务的教育功能，同时配备专业的教育方法，推出适合他们的产品或服务，让用户满意。

（3）娱乐需求。

拥有娱乐需求的用户，更在乎文化艺术类产品或服务的享乐性，他们更希望在娱乐的时光中去享受文化艺术，而很少带有优化自身审美、教育的目的。此类用户更在乎文化艺术产品或服务所带来的环境的舒适感和沉浸感，让自身融入环境中，从而真正享受文化艺术。

（4）社交需求。

有社交需求的用户消费文化艺术类产品或服务的真正目的，是在于对有上述三项需求的用户进行共同兴趣或爱好的开发。他们的真正目的不是为了享受文化艺术带来的美或教育功能，而是为了接近使用此类产品或服务的人而达到各种目的。当然在这个过程中，有此类需求的用户也可能因为长期受到影响转而真正喜欢上文化艺术，并成为审美需求和教育需求中的用户之一。

（5）其他需求。

其他需求的用户占比例不大，但是由于文化艺术类产品或服务的主观性，在现代社会，仍然存在对文化艺术有基于上述四种需求的不同需求的用户存在，如工具需求、即时需求等。

（二）探索用户需求的方式

如何探索用户需求？在这个过程中，要了解不同用户的不同需求，必须使用理论研究和必要的方法。其中包括同理心的研究、观察及用户深度探索。

1.同理心研究

同理心（Empathy），同样译为"设身处地理解""情感移入""共情"，泛指心理换位、将心比心，亦即设身处地对用户的情绪和情感进行认知、把握与理解。

在设计产品或服务的时候，很多创业者，特别是文化艺术类产品或服务的创业者，因为其从小接受的专业技术教育及思维，在创业的时候容易使用以技术为中心的指导思想去设计产品或服务。这样不仅可能会丧失大量的用户，也可能会为自身带来消极的影响，从而打消自身创业的热情。

在同理心机制下，我们需要设身处地想象用户主要思考的问题，并记录在案，如：

（1）用户看到了什么（着重以用户视角看到所处外部环境的描述）；

（2）用户听到了什么（着重以用户听觉观察到所处外部环境的描述）；

（3）用户会说什么以及会做什么（着重以用户话语思路及行为来判断）；

（4）用户内心真实的想法或感受（尝试勾勒用户的内心状态）；

（5）用户的痛点（描述用户最大的挫折、阻碍或恐惧）；

（6）用户的需求（描述用户的愿望、需要，成功的标准，或者达到目标的策略）。

2.观察

观察用户行为,是探索用户需求的核心方法。通过细心观察用户的日常行为,从而总结出用户需求，是作为文化艺术类产品或服务创业者必须学会的技能。

我们可以用 AEIOU 框架去记录我们所观察到的用户信息。AEIOU 框架是一种解释观察的分析方法，于 1994 年由 Robinson 等人创立。其包括：

（1）活动（Activities）：记录用户主要活动及相关行为，即用户为实现某一目标而完成的一系列行为。

（2）环境（Environment）：指活动发生的场景，据此观察环境的特点及功能。

（3）交互（Interaction）：指场景所构建人与人或人与物之间互动的因素。

（4）物品（Object）：指在交互情况下涉及的物品。

（5）用户（User）：指人物定义，其行为、喜好和需求。

在此框架下，作为文化艺术类产品的主要用户，必有其独特的活动、环境、交互、物品及用户。创业者对框架内元素进行观察，并不断记录，将能很好地探索用户需求。

3.用户深度探索

在同理心和观察步骤都完成后，我们可以更近距离地接触潜在用户，并对其进行访谈，获取更多深层的信息，这样才能为日后产品或服务设计带来更深层次的灵感和思路。

（1）访谈的流程。

①介绍访谈内容、你的目的、所需时间；

②从简单的问题开始暖场；

③先了解全面的问题；

④深入挖掘问题的细节；

⑤给出反馈，"还可以再和我多说说吗？"；

⑥总结。

（2）访谈的基本原则。

①切忌打断访谈用户讲话，更不要有针对性地暗示访谈人或者说服他；

②避免封闭性问题，让访谈人畅所欲言；

③远离推销，切勿趁机加入让访谈人感觉不适的信息；

④不要错过任何一个细节。

（三）定义用户需求

在探索一定量的用户需求后，将进入整理收集到的信息的重要阶段。定义用户需求是探索用户需求到产品服务设计中间的一个数据和情况整理的过渡环节。在这个过渡环节中，包括了收集用户信息、共情化及产品概念构想三个步骤。

1.收集用户信息

当探索用户需求的信息收集情况达到一定量的时候，可以得出即将生产的产品或服务的理想用户或最终原型用户的具体化表现。在此过程当中，可以将上文所属不同需求用户进行分类，描绘出不同类型用户的行为习惯、痛点及渴望等（见表2-1）。

表2-1 用户信息收集表

类型1：审美需求用户	行为习惯、痛点及渴望
类型2：教育需求用户	行为习惯、痛点及渴望
类型3：娱乐需求用户	行为习惯、痛点及渴望
类型4：社交需求用户	行为习惯、痛点及渴望
类型5：其他需求用户	行为习惯、痛点及渴望

2.共情化

文化艺术类产品或服务，因其主观性不可能满足所有用户，在定义用户需求时，可以设法将用户体验细化、共情化，就是要建立在主观性之上，寻求更多共情的体验设计，力求在所有方面满足用户，进而产生共情。

有两家距离相同、音乐课程相同，且价格大致一样的音乐培训机构，家长会去哪一家呢？不同的音乐培训机构会在用户体验过程中提供不同的服务，让用户感受到不一样的体验。例如教学用的乐器的新旧，教师和员工是否具有热情和耐心的态度，机构内是否提供空调、Wi-Fi、饮品、食品等。

3.产品概念构想

创业者需要针对用户的痛点，构思解决方案，并制作解决方案清单。在这个过程中，可以在自身能力能解决的范围内，对产品的雏形做最初步的构想，然后不断地修改方案，最终进入产品或服务设计环节。

（四）产品或服务设计

1.产品或服务设计的目标

（1）人们想要什么产品或服务；

（2）一个可持续的盈利模式；

（3）可行的技术。

在文化艺术类产品或服务未成型之前，创业者需要想清楚三个问题：

第一，这是不是用户真正想要的产品或服务？

第二，这个产品或服务是否能形成一个可持续的盈利模式？

第三，我是否有可行的技术去完成这个产品或服务？

通常能想到第一个问题的创业者的创业思维已经从技术为中心转变到以人为本了，这是一个很好的开始。接下来，创业者需要知道，如果产品按照客户需求去设计，自己是否能够从中实现可观的、可持续的盈利，是否能形成一个良性的盈利模式。虽然很多文化艺术类产品或服务的创业者的初衷都不是为了盈利，但这又是一个非常现实的问题，创业者需要团队运营，更要为团队着想。最后，创业者需要审视一下自己是否有可行的技术完成产品或服务的设计。如果没有，是否需要增加技术支持，自身是否有足够的资金资源吸收技术支持，这就跳回第二个问题。只有不断地循环优化，才能制定清晰的产品或服务设计的目标。

2.产品设计流程

（1）创意来源。

创业者需要团队进行头脑风暴，对产品或服务的设计献出自己的见解。

（2）需求洞察。

创业者需要根据之前做过的定义用户需求，对产品或服务设计进行用户方面的考量。

（3）创意设计。

在创意来源、需求洞察的基础上，结合创业者团队创意及用户需求，制定可行的创意设计方案。

（4）原型制作。

在创意设计基础上，生产出一系列可视化的产品内容或服务流程，并制作成原型。

（5）方案展示。

将制作好的原型展示给天使投资人，在获得资金或技术支持后真正开始创业。

3.最小可行性产品

最小可行性产品是指将产品或服务用最简洁的方式开发出来，是产品或服务能够交互操作的原型。

（1）极简式最小可行性产品。

极简式最小可行性产品指把产品在没有任何设计、营销包装的时候推出，指的是产品开发的最初期，只开发最必要的功能，例如音乐类教材，只有基本的教学大纲、框架，没有加入任何修饰的图案、封皮包装的状态。

（2）预售式最小可行性产品。

预售式最小可行性产品是指在向用户提供最终成型的产品前，通过预售的方式推出，用户可以根据此最小可行性产品提供反馈意见，以使该产品更符合用户的需求。

（3）贵宾式最小可行性产品。

贵宾式最小可行性产品指产品在正式推广前，只针对极少数对产品具有影响力和支持力的用户推出，然后再逐步扩大服务范围。

4.产品或服务设计流程

在做完上述所有环节后，最终我们进入到产品或服务的设计流程。在这个环节，我们需要进行以下方案所示的设计。

（1）产品/服务名称。

一句话描述产品的名称和特点，使投资人或用户能够快速地了解此产品或服务的用途、功能，给出简洁而又深刻的第一印象。

（2）产品图示/服务图解。

用逻辑清晰的图片展示产品或服务，更可以用音视频制作多媒体软件展示，让投资人或用户对产品或服务产生画面感。

（3）产品/服务理念。

阐述产品或服务的需求对象，运用在用户探索阶段所得来的资料，去分析提炼，得出产品或服务所解决的痛点或满足的渴望。

（4）产品工作原理/服务流程。

阐述产品或服务所解决用户痛点或满足渴望的过程。

（5）产品功能模块/服务内容。

阐述产品或服务的组成要素，所用的材料、需要的人力物力、配套的产品或服务等。

（6）产品/服务创新点。

阐述创业者所设计的产品或服务与市面上其他同类型产品或服务的区别。

三、案例分析

（一）"T"是如何做好少儿音乐教育的？

"T"是一家致力于发展少儿音乐教育、启蒙少儿音乐才能的线上音乐培训机构。相比于"A音乐"的成人定位，"T"则是聚焦于少儿领域。与"A音乐"的创始人的背景完全相反，"T"的创始人C是专业的音乐人，幼年时用短短三年时间考至钢琴九级，被称为"音乐神童"。正因为如此，他意识到少儿音乐启蒙教育的重要性。

C在创办"T"之前也创立过线下的音乐教育机构——G音基教学中心，主要面向广大适龄儿童提供音乐基础教学。由于线下机构对受众人群的覆盖有限，部分家庭因距离原因无法对接需求，因此他萌生了做线上音乐教育的想法。

转向线上并非生搬硬套，不仅仅是转换教学方式这么简单。C深刻认识到，只有精准直击用户需求，才能获得市场认可。与多数以乐器为主的音乐机构相比，"T"着重于少儿音乐基础教育，注重培养少儿的音乐素质，而不是在短时间内让他们通过简单的乐器演奏技能的掌握来理解和诠释音乐。但音乐素养的培养需要长期的投入，许多家长对这样的教育模式可能不甚理解，这也是"T"遇到的一大阻碍因素。相比于立竿见影的演奏技巧，音乐基础教育似乎是一个内化而不外显的过程。面对这样的情况，C加大了教育成本的投入，不断地向家长们宣传"T"的教育理念和教育模式，以获得市场的认可。同时，为加深用户体验，推出一系列的体验课程，让用户直接进入到课程教学中，感受幼儿音乐教育的魅力和独特。

　　"T"的成功点之一在于它的出发点不是为了"增量"，而是为了"求质"。

　　"T"不仅在洞察用户需求和追求音乐素质上如此执着，而且严格把控教育团队的师资力量。有了线上教育模式的加持，"T"招募到身处天南地北的教师，组建了一支强劲的师资队伍，团队的足迹遍布世界顶尖的音乐学院。C更是不断研习新的授课模式，以求为少儿音乐教育带来更好的发展前景。"T"引入了柯达伊音乐素养教学法的科学教育体系，以启发少儿对音乐基础教育的兴趣为落脚点来设置课程，许多课程中出现的卡通形象也都是少儿们所熟知的，由此调动学习热情。课程主要以视唱练耳、乐理教学、音乐鉴赏等偏重音乐素质和音乐基础的内容为主。

　　"T"的成功点之二在于它的着眼点始终在少儿的音乐素质培养，不忘初心、砥砺前行。

　　"T"最成功的地方在于它一开始并非为了眼前可见的利益去发展音乐教育，而是带着教育市场和教育用户的目标去进入市场，它想使国内少儿音乐教育思维得到转变，打破传统的定向思维，让中国家长更多关注素质教育，将"唯技能至上"转变为"唯素质至上"。

（二）"Y"的失败经验

　　"Y"是北京的一家钢琴陪练平台，是B信息技术有限公司打造的一款线上音乐交流互动App。"Y"主要是通过线上陪练的方式，帮助琴童解决在学钢琴以及课后练琴过程中出现的问题。"Y"于2016年成立，在2020年宣布破产清算。与"A音乐"一样，同为一款线上音乐教育的App，为何"Y"走向了失败？

　　"Y"的创始人Z并非首次涉足音乐教育领域，早在他创办"Y"之前，他就曾创办过一家名为"S"的机构。随着家庭对幼儿素质教育的重视度的提高，对专业音乐陪练的需求自然应运而生。2017年，线上陪练成为素质教育赛道中增速较快的市场之一。据数据统计，我国至少有两千万名琴童，如果按照每名琴童一年8千至1万的学费来看，陪练市场规模可以达到两百亿。面对如此庞大的市场份额，"Y"自然是要竭力一搏。

　　但"Y"的数据并不乐观，相比于其他练琴机构，"Y"的融资较少，仅在

2016年7月获得过第一视频的种子轮融资，且融资金额不详。2018年"Y"的创始人Z还曾表示，平台目前运营良好。可仅仅3年之后，"Y"便在其公众号上发布了破产公告，声称是由于市场环境和经营不善，企业一直处于亏损状态，现金流断裂、资不抵债，于是启动了破产清算程序。面对"Y"这份突如其来的声明，家长和老师都非常震惊。不少家长表示，在"双十一"平台大促期间，"Y"还鼓励家长购买陪练课程。也有老师表明直到声明发出的前一小时，自己仍在给孩子上课。

"Y"的倒闭可以在一定程度上反映在线音乐教育产业的发展态势。何为在线音乐教育？音乐教育为本，在线为辅，应坚持音乐教育的"质"，再追求通过线上获取"量"。音乐教育本身而言就是小而专的行业，在传统思维中注重专业、扎实、长久和亲身教学，要培养用户习惯和转变用户思维，不是仅靠初期的互联网玩法，即不断"烧钱"可以达到的。只有不断完善产品，才能最终沉淀用户。由此可见，"Y"的失败也在意料之中。

小　结

本章讲述了产品或服务的设计流程，分别从用户探索与产品服务设计、探索用户需求的方式、定义用户需求、产品服务设计四个步骤来进行。

用户探索与产品服务设计是产品或服务设计的出发点和根本前提。对于设计文化艺术类创业产品或服务，需要通过了解用户的审美需求、教育需求、娱乐需求、社交需求等因素来全面分析用户对于产品或服务的真正需求；以探索用户需求方式的常用工具——AEIOU框架入手，使用科学的研究方法记录所观察到的用户信息，并对用户进行深度探索；而后，对收集到的用户需求信息进行定义和分析，通过共情化、产品概念构想等方式，制作解决用户痛点的清单；最后再针对以上步骤流程，进行创业者最终的产品或服务设计。

产品或服务的设计流程并不是头脑一热的事情，相反，它是反复对创业者进行推敲、考验甚至是打击的一个漫长的过程。只要经历了这些，创业者的产品或服务设计才能够进入市场，并获得一席之地。

章节思考

1. 请说出从用户探索到产品/服务设计的四个关键步骤。

2. 通过对AEIOU框架的理解，自由组成一个5人小组，完成对用户需求的观察信息归纳。

3. 根据产品/服务设计的流程，自由组成一个5人小组，完成对团队产品/服务设计的具体描述。

第三章　创业团队

一、创业故事：T艺术培训中心

公司规模：20人以下

公司行业：教育培训

公司类型：民营

创办时间：2014年

创办人简历：W市某大学音乐学院舞蹈专业毕业生Z和L，2013年毕业，2014年两人开办了T艺术培训中心。

（一）就业形势的紧张和竞争促使创业思想的萌发

Z大学毕业后，最初的梦想是成为一名舞蹈老师，但在紧张的就业环境和激烈的竞争之下，她没能在教育系统找到工作，而成为一名舞蹈机构的兼职老师。时光飞逝，她萌生了自己做生意的想法。经过一系列的市场调研后，她觉得个人能力有限，幸运的是，她遇到了L，两人对于职业规划的想法不谋而合，于是决定一起创业。

（二）创业信心的初始建立

2013年底，她们两人分别投资10万元人民币，以股份制形式开设T艺术培训中心，场地面积超过400平方米。经过装修，工作室已具雏形，两人对未来充满信心，更加坚定了大力创业的意志。

（三）在校期间的创业课程的学习产生的一定效应

在工作室建立完成的尾声阶段，她们在办理营业执照、经营许可证及其他事项时遇到了一些问题。好在两人在学校就读期间学习了几门创业的课程，对创业有一定的了解，再加上一系列的专家培训与评估，很快解决了问题，最终取得营业执照。

（四）创业初始阶段的应变和发展

2014 年初，T 艺术培训中心正式成立。

培训中心最初的入学人数远远少于两人的预期。在此之前，她们曾调研了 W市北部多所艺术培训学校的教育情况，通过仔细分析其各自的优势与短板，在培训模式方面选择了优先政策，并为报名的学生免费提供舞蹈训练服和舞蹈鞋。这样做虽有一定成效，但学费收入依旧很少。于是两人在培训方式与模块上进行调整，进一步加大投资，招聘优质教师，同时引入仪器设备和建模课程。合理的教学模式及严谨的教学方法使得报名的学生越来越多，口碑越来越好，经过一年的努力，培训中心赚得了近一百万元。同时，培训中心课程模块逐步扩张，除了教孩子跳舞之外，还为成年人提供舞蹈培训，同时承办企业的晚会，为企业员工提供舞蹈培训和编排课程，培训中心的发展方向逐渐走向多元化。

（五）创业路途并非一帆风顺

几年后，Z 因为要随父母去广州生活突然提出退股，而后 L 独自肩负着重担。由于股东的退出，日常的课程、每月的房租、外聘教师的管理这一系列问题都随之而来，此时 L 也产生了放弃的想法，甚至对外宣称要盘出这个培训中心。Z 在外地不断鼓励着她，一定要坚持下去，不要轻易放弃。

将企业做好、做强，需要日积月累的努力，而创业过程中的困难是未知的，创业路途并不会一帆风顺，创业者要积极地分析困难、解决问题，才能乘风破浪，直挂云帆济沧海。

二、创业理论

（一）创业公司股权分配

创业公司的股权如何分配是创业之初常被论及的问题，一般而言，创业公司股权分配有三种方式。

（1）平均分配。每位股东平均投入创业资金，即股份持有量均等。但股权平均的结构下，每个人所占比例相同，对于大事件的应对意见繁杂，容易出现冲突，也容易出现股权分派的情况，且因为股权分散，公司执行效率下降。

（2）个人独大。主要投资方把控 80% 以上的股权。这种方法将使得最大投资方具有难以质疑的话语权。虽然创业的效率提高了，但最大投资方往往容易刚愎自用，难以听取他人意见，无法集思广益，企业将很难做大。

平均分配以及个人独大，这两种都是不利于公司可持续发展的股权分配方案。

（3）差异化分配。根据股东不同的出资方式，按照一定的比例对股权进行划分，创业领导者为核心人物，占公司股份较大比例。如创业人数在 5 人以下时，领导者要占股 51% 以上。创业人数在 5 人以上，领导者占股比例可以不超过 51%，即合伙创业的公司股权可以采用差异化的方式进行分配。创始人中比较核心的人物允许占股 60%，从而保持稳定的股权结构。

（二）创业公司股东出资分配

设立有限责任公司股东出资的方式有以下几种。

（1）货币。设立公司必然需要一定数量的流动资金，以支付创建公司时的开支和启动公司运营。因此，股东可以用货币出资。

（2）实物。实物出资一般是以机器设备、原料、零部件、货物、建筑物和厂房等作为出资。

（3）知识产权。所谓知识产权是指对其智力劳动成果所享有的民事权利。传统的知识产权包括商标权、专利权和著作权。

（4）土地使用权。一种是股东以土地使用权作价后向公司出资而使公司取得土地使用权；另一种是公司向所在地的县市级土地管理部门提出申请，经审查批准后，通过订阅合同而取得土地使用权，公司依照规定缴纳场地使用费。

（5）劳务和信用出资。《中华人民共和国公司法》虽未明确禁止股东以劳务和信用出资，但从其列举的股东出资标的来看，我国不允许股东以劳务和信用向有限公司和股份有限公司出资。

（三）股权份额及股利分配

出资各方以占有公司的股权份额比例享有分配公司股利，各方按占有股份比例作为分配股利的依据。同理，如果未成立公司，则上述股权份额修改为：出资份额。对于股利的分配，协议各方可以灵活约定，这属于全体股东"自决"的条款,可采取按股权份额比例分配,或不按比例分配,直接约定某股东多分或少分。

公司每年一月汇总上一年度的盈亏状况,以作为各股东股利分配依据,公司盈亏状况清算完毕后进行上一年度股利分配。上述条款属于年度分红方案,本协议使用者可以根据项目的发展情况,综合确定股利分配的周期,可划分为年度、季度、月度。确定的基准是:一方面能吸引合伙人的加入及投资,另一方面对合伙人进行保留与激励,特别是对于参与运营的合伙人,充分激发其工作积极性。例如在实际操作中,有的合伙人参与运营,但不拿工资,这个时候,股利分配的周期就要缩短,以股利分配保障合伙人的短期收益。

(四)股权的意义

1.股权比例的不同含义

(1)1%代位诉讼权

(2)3%临时提案权

(3)5%重大股东变动警示线(有可能变成未来的重大股东)

(4)10%临时会议权,有权申请解散公司

(5)20%界定同业竞争权力

(6)30%拥有收购权

(7)34%拥有一票否决权

(8)51%拥有相对控制权

(9)67%拥有完全控制权

根据股权比例的不同含义,从所有权角度来说,你持有的股份代表你对团队资产的所有量,通常这个是可以交易的。从表决权角度来说,股份代表着话语权。从利益分配角度来说,股份代表着你所获得的分红量。团队成员分配股份的目的,在于把成员的利益同团队的利益硬性关联起来,以此激发各个成员的能动性,促使成员为团队的长期利益考虑,从而使每个成员的利益长期最大化。股份的分配,其结果应尽可能达到上述目的。因此,对应于股份的意义,股份分配的基本原则是:你投入的资产越高(资产不仅仅包含实物资产和资金,还应包括投入的“软资本”,也就是劳动,即资金入股和技术入股),你的股份应当越高;你对行业理解越深刻,能把团队带向正确的方向,你说话的分量应当越重,股份也应当越多。

2.**假定方向制定者（暂以 CEO 代替，通常是发起人）是从事艺术教育行业的资深人士，基本能够把握市场动向。根据其他成员对行业的洞察能力，我们在对股权进行分配时要分两种情况。**

（1）其他成员对行业状况了解不多的情况下，CEO 要占 50%以上股权。因为大家要跟着能够带领团队成功的人走。

（2）其他成员对行业发展了解比较深刻的情况下，CEO 的个人能力相对变弱，需要强调多人投票制定决策。也就是说，大股东的股份不应超过一半。这时会出现两种状况：一是 CEO 没有投入多少资产，但为了控股却要取得很高的股份，同时得到了非常可观的分红，这对于绝大多数小团队来说是非常不公平的。解决方法是把表决权和股权之间的关系切断，使得表决权和股权不再成 1∶1 关系。比如可使表决权与股权比设为 3∶1，同时，修正其他成员的表决权与股权比。二是 CEO 投入了大量资本，其他成员投入得较少。比如，CEO 占 80%，其他成员一共占 20%。长期这样，很可能会降低其他成员的能动性。解决办法是制定股权激励计划，股权激励操作的实质是发放股票，从而减少 CEO 的股权，增加其他成员的股权。举例来说，团队初期给 CEO 80%股份，然后分别为各个成员制定考核指标，当某成员达到他的指标时，为他分配股票、期权等。

3.**作为小型创业团队，尤其要强调小巧、灵活和变通，在股权问题上也不必拘泥于正统。比如，完全可以抛弃股权这个词，转而使用所有权、表决权、分红权来精确定位。**

（1）发起人。负责教育机构的总体决策和战略管理，对产品了解较深刻。所有权占比 60%，表决权占比 70%，分红权占比 60%。

（2）合伙人。对教育机构进行投资并参与共同决策，对产品了解一般。所有权占比 15%，表决权占比 10%，分红权占比 15%。

（3）课程老师。负责教授相关课程，对产品了解一般。所有权占比 10%，表决权占比 10%，分红权占比 10%。

（4）辅导老师与助理。负责课后反馈记录与日常事务，对产品了解一般。所有权占比 15%，表决权占比 10%，分红权占比 15%。

当团队成员对产品、行业有了更深的理解，或者进行了再注资等较大变化之后，可以重新讨论分配上述权利，分配原则视具体情况而定。

（五）退股

（1）在本合同注明的合伙期限内，如公司正常经营不允许退股。

（2）如执意退股，对退股时公司的财产状况进行结算，不论何种方式出资，均以现金结算。

（3）退股人的股利分配以退股时公司盈利状况结算清单为标准，按 50%股利发放，入股本金三年后予以返还，如退股人三年内有从事本行业行为，入股本金不再返还。

（4）如一方或多方不愿继续合伙，经各方共同商讨通过，方可退股。此种情形下退出的一方或多方，将按退出时公司财产盈利状况进行当年退出前月份股利分配，并以实际股利分配金额的 50%进行赔偿，与本金一同发放。退出者如给公司造成损失或损害其他股东利益，在对公司损失进行估算及赔偿后，方可执行正常退出规则。

（5）未经其他各方同意而自行退股给公司与合伙方造成损失的，应按实际造成的损失进行赔偿，并不再发放当年红利。入股本金三年后予以返还。

在创业团队中，通常采取股份制的所有制形式。如何给各个成员分配股份，是非常重要且须认真考虑的问题。如果某成员的股份太少，其能动性就无法完全发挥；如果某人的股份太多，那一旦犯错代价太高。实际上，一切关于利益和表决权分配的问题，对于小团队来说，都是足以影响全局的大问题。

三、案例分析

（一）成功案例——"B AI 课"

"B AI 课"创办于 2017 年，是一家专为 2~8 岁孩子提供多学科在线学习的智能教育平台，其核心优势和卖点是"首创'AI 互动课+专业老师全程辅导'学习模式"，拥有英语、数学思维、语文等多种学科 AI 课程产品。作为一款已占据一定市场份额的在线教育产品，"B AI 课"并不仅仅满足于学科类在线教育，在已有的成熟运营模式和一定的用户基础之上，"B AI 课"将目光投向了在线美术教育这一赛道。

其实早在 2015 年，在线美术教育诞生之后，就不断有产品进入市场，但面临的问题是：美术教育这种线下采用一对一或小班制精致教学的艺术课程转到线上后，能否适用于 AI 教育，用户能否接受这种模式？据"B AI 课"创办人讲，2020 年每个月收入能超过 1 亿的在线素质教育公司，一共不到 10 家。面对可观的市场份额和较大的市场缺口，"B AI 课"自然看准时机，在 2020 年 3 月推出了 AI 美术类产品。

不同于以往以艺术教育作为出发点去发展的线上艺术教育机构，"B AI 课"是在已经成熟的教育赛道中新开辟出一条素质教育的赛道，优势在于有一定的用户规模和市场认可的品牌口碑，劣势在于相比于专业进行艺术教育的机构，用户的认可度会较低。"B AI 课"为了成功打通美术市场，从市场调查、立项、研发课程、内测，到上线整整花了两年半的时间，给了产品更加充足的马力去应对市场的考验。

"B AI 课"的美术课并非一味强调对幼儿技能的培养，承诺用户在什么时间段能达到什么样的美术水准，而是专注于培养幼儿的美术意识，包括空间想象力、色彩感知力、作品鉴赏力等，希望孩子们能够通过能力的提高从而不断激发想象力和创造力。例如，在"B AI 课"的课程教学中，不会规定孩子应该画什么，如何构图，用什么线条和色彩，而是保护和鼓励孩子的理念和想法，充分尊重儿童世界的逻辑。正是这一教育理念，使得"B AI 课"的美术产品能够与新兴一代家长的教育理念相契合，即更加注重教育的意义和孩子的素质发展。

"B AI 课"的美术课产品从开始进行预售，仅一个季度，就已经收获了上万个反馈。据了解，"B AI 课"相比于其他学科的定价要低，在幼儿美术教育市场无疑是具有竞争力的，面对想要孩子进行美术启蒙教育，但又碍于相对较高昂的费用而观望的家长，"B AI 课"提供了一个很好的对接需求平台。从这一点也可以看出，"B AI 课"在推出这一产品时，是充分考虑了如何平衡市场期望和产品调性的。此后，"B AI 课"正在向"为孩子们打造全方位能力成长学习平台"的目标靠近。

（二）失败案例——S 网

S 网 2004 年建立于北京，2010 年上市。S 网最开始是发展视频及相关内容等产业，其中最引以为傲的是 S 的智能终端模式。S 网以网络视频服务为主，通过产业链的垂直整合，形成了具有特色的"S 生态"商业模式。"平台+内容+终端+应用"结构下的"S 生态"，以内容为基础，加强增值服务板块的开发与应用，在"S 生态"的垂直整合产业链的布局与多屏领先技术的优势下，通过电视、PC、手机、平板等多屏渠道为用户带来极佳体验。公司不断拓宽产业链辐射边沿，提高品牌知名度及用户流量规模，以推动各主要业务的快速发展。

S 网曾经获得"高科技公司中高成长五十强""亚太公司中五百强"等奖项。S 网于 2010 年上市，人们对于 S 网的认知是"有潜力、有前途，有着先进的智能化技术"，对于 S 网的发展，人们也是寄予厚望，S 网在互联网领域中也声名远扬，被称为百强企业。然而 S 网诸多成绩的背后，也存在着种种财务隐患。

S 网的股权近似于 J 家庭"一股独大"的股权结构，J 刚愎自用的商务思路，也让 S 网承担了代价。S 网、S 手机、S 电视机再到 S 汽车，这些硬件领域都属于技术垄断领域，各项产业需要投入大量的资金才能正常运行，然而 S 网旗下的几十个公司，根本无法支撑 J 的烧钱之举，真正不断支持 J 烧钱的是 A 股的投资者们。2016 年 11 月，S 网出现了资金链问题，J 发布一封致全体员工的信，承认了这个问题。S 网股价在上涨到峰值之后一路下跌。

到 2017 年，S 网开始大规模裁员，并且放弃体育赛事的版权，S 手机在没有还清贷款的情况下减少出货量，汽车产品也在美国工厂停产，大股东纷纷套现，高层纷纷辞职，种种迹象表明 S 网已经进入危险状态。直到 2018 年 4 月 S 网的亏损才公布于众，严峻的财务问题已经暴露出来，其债务无法偿还，最大股东 J 身欠外债，并在出国之后拒不还债，也没有配合回国承担责任。到 2018 年 4 月，S 网停牌，复牌后走出了 11 个跌停，股价从原先的 15 元跌到了 5 元。2018 年 S 网被北京市第三中级人民法院、北京市朝阳区法院列入失信被执行人名单。

股权结构的不平衡导致其他股东对于大股东的制衡力度不够，大股东套现手段多样化，但一直没有针对大股东的监管手段。大股东在预感到危机的时候，迅速将股票套现。2015 年 5 月 26 日，S 网大股东 J 计划半年内减持不超过 S 网总股本 8%的股份，随后，J 在半年内减持约 1.35 亿股，套取现金约 57 亿元。其中，2015 年 6 月初，J 减持 S 网股份，套现约 25 亿元。2015 年 10 月 30 日，J 通过协议将 1 亿股 S 网股份转让给 E 基金，套取现金 32 亿元。此外，J 的姐姐也通过减持 S 网股份来套现。2014 年 1 月，J 的姐姐减持 1400 万股，2014 年 12 月 9 日至 2014 年 12 月 18 日，J 的姐姐再度减持 1200 万股。2015 年 1 月 30 日至 2015 年 2 月 1 日，J 的姐姐减持 2400 万股。总的来说，J 和他的家族通过高仓减持 S 网股份，套现了巨额现金。

在 S 网退市的过程中，大股东的掏空行为对 S 网造成了严重的影响，而股权不均衡，同样是引发问题的原因之一。资本不断累积是中小股东希望达成的愿景，而资本的累积，是市场内部投资人与被投资人的契约精神相互作用而完成的，想要达到这个目的需要所有的投资者一视同仁，形成一种相互平衡的股东意识，这种平权的思想对于公司的发展大有裨益。为形成完善的投资保护制度，公司各个类型的股东应该在决策中统一目的，朝着对公司有利的方向思考。

小　结

投身于教育行业的创业者可谓是前赴后继，从传统的线下教育机构到线上教育产品，成功者不在少数，失败者却也不胜枚举。无论是成功还是失败的案例，都能在一定程度上反映出创业团队经营模式的好坏和内部结构的优劣。创业者不仅仅要实现经营的成果最大化，更要关注到团队或公司发展的稳定性和可持续性，完善的股份制度既可以维护掌权者的话语权和投资者的长远利益，又能保证创业项目的持久增长和市场活力，因此在创业初期选择合适的股权分配制度是极其重要的。尤其是对在线教育行业而言，投资者们正是从 K12 大获成功的现实中窥视到了素质教育的红利和前景，才会选择入市进行厮杀。2020 年的疫情，更是为整个在线教育产业的飞速发展提供了机会。在此种情景下，创业团队要想获得最终的成功，搭建良好的团队结构是稳步前进的前提，选择合理的股权分配方式是夯实基础的根本，激励昂扬的团队士气是扶摇直上的动力。

章节思考

如果你要创业，根据自己的能力缺口，你打算找多少个合伙人？他们分别担任什么职务、负责什么工作？股权如何分配？

第四章　商业模式

一、创业故事：趣弹音乐——轻乐器在线教育服务平台

在第四届中国"互联网+"大学生创新创业大赛中，广西师范大学创新创业学院的"趣弹音乐——轻乐器在线教育服务平台"以文创类项目第一名的成绩夺得金奖。创始人帅圳兴在分享创业经历时说道："大一的时候，乐器尤克里里进入了中国，然后我带了一把去学校演奏，发现周围的许多学生都特别感兴趣，后来我成立了自己的俱乐部。它是一种新乐器，因此我认为它有很大的市场空间，所以决定把它作为真正的创业项目。"那么，帅圳兴是如何打造"趣弹音乐"的呢？

（一）起：从校内到校外

帅圳兴大一时接触尤克里里，当时这种乐器并不普及，相关教程也少。起初，帅圳兴玩尤克里里只是为了消磨时间，自己找谱自学练习。后来，他发现很多学生都很感兴趣，就在师范大学创建了尤克里里社团。一年多时间，社团渗透到桂林的四所大学，拥有近千名会员。

看到越来越多的学生加入，帅圳兴感觉这个市场非常大。他带着他的几名同学注册了一家公司，主要向大学生销售尤克里里并免费教学。因为缺乏经验，订购的尤克里里质量不过关，导致大量琴积压，损失几万元。为了尽快偿还欠款，帅圳兴与团队讨论后，决定在校外开设尤克里里培训教室。

（二）承：从挣扎到好转

大三时帅圳兴和身边的几名同学凑了几千块钱，到校外办起了尤克里里线下培训教室。培训室开业之初，由于它不出名，招不来学员，帅圳兴等人只能用最

传统的方式招揽顾客——向周边社区发送传单。每天晚上出发，凌晨收工。此外，帅圳兴还带小伙伴参加路演，以扩大培训室的影响力。然而，一个多月过去了，培训室仍然未招到学员，帅圳兴开始担心尤克里里培训是否有市场前景？直到有一天，一位母亲带着一个小女孩敲开了培训室的门，帅圳兴的培训室终于迎来了第一个学员。在接下来的两个月里，培训室招来了几十名学员。截至 2015 年底，帅圳兴线下培训基本维持两三百名学员，月营业额超过 10 万元的经营状况。

（三）转：从线下到线上

在办尤克里里培训室的过程中，帅圳兴发现在线课程很可能会成为未来的发展趋势，于是他把目光聚焦到线上。

经过帅圳兴的分析，他发现在线尤克里里教学视频虽然有很多，却也杂，并且没有系统的教学课程。于是他的团队开始有计划地开发和改进自己的教学系统，并将其免费发布在视频网站和其他网络平台上。随着关注的人群越来越多，帅圳兴注册成立了广西趣弹文化科技有限公司。

帅圳兴的团队尝试从不同方面与尤克里里联合制作视频，推出不同版本，并调查在民众中的受欢迎程度。同时，他们试着做微课和直播，吸引更多的学员加入，这个培训教室慢慢地从线下转移到了线上。

因此，帅圳兴团队放弃线下业务，转型为"文化+科技"互联网公司，专注于 IP 孵化、在线教育、内容制作、电子商务、软件研发等。如今，"趣味音乐"全网粉丝总数超过千万，视频播放量超过 20 亿。

（四）合：平台化的布局

趣弹音乐的商业模式可以概括为四个词：学习、练习、播放、购买。业务逻辑包括内容建设、社区学习、活动推广、知识产权孵化。通过内容库搭建教学交流平台，聚集粉丝，向粉丝售卖尤克里里及其衍生文化产品来创造收入。另外还建立深度学习社区，创建微信小程序，建立线下音乐生活厅，在粉丝线下聚集地播放音乐角。拓展电商渠道，签约多个一线品牌代理权，组建淘宝店、微信商城等。

二、创业理论

（一）商业模式

商业模式源于英语"Business model"，是企业在经营中围绕如何使其收益高于其投资而在企业与顾客间设计的，是企业跟它的内外部利益相关者形成的一个交易结构，这个交易结构就是商业模式。任何一个商业模式都是一个由客户价值、企业资源和能力、盈利方式以及外部效应构成的四维立体模式。

商业模式的本质是一群利益相关者把自己的资源能力投进来，形成一个交易结构。这个交易结构持续交易，会创造出新的价值，每一方会按照一定的盈利方式去分配价值。如果每一方分到的价值超过它投入资源能力的机会成本，这个交易结构就会越来越稳固。

1. 商业模式的定义

商业模式描述了企业如何创造价值、传递价值和获取价值的基本原理。商业模式解决的是企业战略制定前的战略问题，同时也是连接客户价值和企业价值的桥梁。

2. 商业模式的形象比喻

（1）风险投资家的角度。左口袋里的货币跑出去，绕了一圈回到右口袋，假设多了1元钱，多的这1元钱是如何来的。

（2）企业销售的角度。产品被制造出来后，通过一个什么样的方式、手段、策略、文化等战略战术，而与消费者完成的商品交易过程。

（二）优质的商业模式

1. 产品市场

产品市场又称商品市场，是指有形物质产品或劳务交换的场所，企业在这里出售其产品或劳务。

传统行业更重视产品市场，产品市场的概念易于理解，即品牌的核心竞争力、价格定位、渠道定位、消费者定位以及传播策略、运营机制和管理系统是什么。

2. 资本市场

资本市场又称长期资金市场，是金融市场的重要组成部分。作为与货币市场相对应的理论概念，资本市场通常是指进行中长期（一年以上）资金（或资产）

借贷融通活动的市场。由于在长期金融活动中，涉及资金期限长、风险大，类似于资本投入，故称之为资本市场。

资本市场游戏规则关心的是这个行业在资本市场里讲了一个什么样的故事，故事是否被下列几类对象喜欢：基金公司、PE 市盈率、风险投资、券商、私募基金和上市后持股的股民们。

一个好的商业模式必须是在两个市场都能够取得成功的模式。利用差异化模式进行传统产品销售的企业往往更容易形成自己的商业模式，如图 4-1 所示。

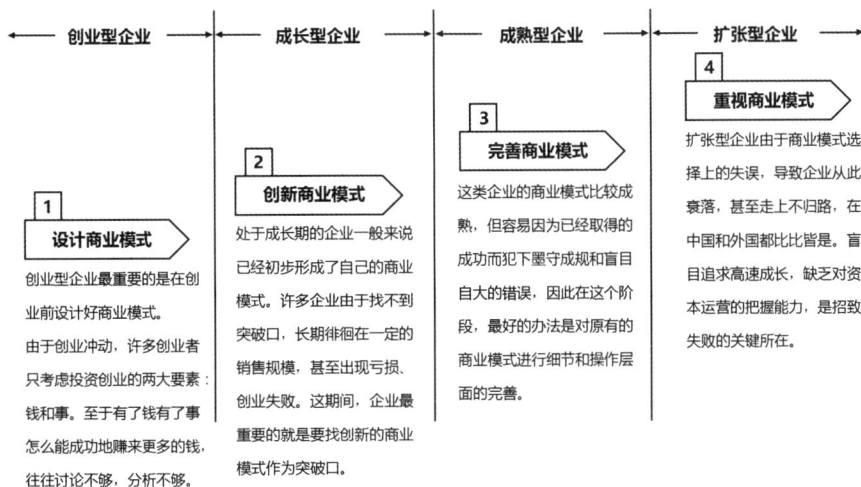

图 4-1　不同状态的企业的不同商业模式需求

（三）商业模式的九要素

1. 客户细分

客户细分构造块用来描述一个企业想要接触和服务的不同人群或组织。

客户构成了任何商业模式的核心。没有（可获益的）客户，就没有企业可以长久存活。为了更好地满足客户，企业可能把客户分成不同的细分区隔，每个细分区隔中的客户具有共同的需求、共同的行为和其他共同的属性。商业模式可以定义一个或多个或大或小的客户细分群体。企业必须做出合理决议，到底该服务哪些客户细分群体，该忽略哪些客户细分群体。一旦做出决议，就可以凭借对特定客户群体需求的深刻理解，仔细设计相应的商业模式。

（1）客户群体现为独立的客户细分群体。

①需要和提供明显不同的提供物（产品／服务）来满足客户群体的需求；

②客户群体需要通过不同的分销渠道来接触；

③客户群体需要不同类型的关系；

④客户群体的盈利能力（收益性）有本质区别；

⑤客户群体愿意为提供物（产品／服务）的不同方面付费。

（2）客户细分主要解决的问题。

①我们正在为谁创造价值？

②谁是我们最重要的客户？

（3）客户细分的群体存在不同的类型。

①大众市场：价值主张、渠道通路和客户关系全都聚集于一个大范围的客户群组，客户具有大致相同的需求和问题。

②利基市场：价值主张、渠道通路和客户关系都针对某一利基市场的特定需求定制。

③区隔化市场：客户需求略有不同，细分群体之间的市场区隔有所不同，所提供的价值主张也略有不同。

④多元化市场：经营也要多样化，以完全不同的价值主张迎合需求完全不同的客户细分群体。

⑤多边平台或多边市场：服务于两个或更多的相互依存的客户细分群体。

2. 价值主张

价值主张构造块用来描述为特定客户细分创造价值的系列产品和服务。

价值主张是客户转向一个公司而非另一个公司的原因，它解决了客户困扰或者满足了客户需求。每个价值主张都包含可选系列产品或服务，以迎合特定客户细分群体的需求。在这个意义上，价值主张是公司提供给客户的受益集合或受益系列。

有些价值主张可能是创新的，并表现为一个全新的或破坏性的提供物（产品或服务），而另一些可能与现存市场提供物（产品或服务）类似，只是增加了功能和特性。

（1）价值主张主要解决的问题。

①应针对哪些客户细分提供什么样的价值主张？

②我们该向客户传递什么样的价值？

③我们正在帮助我们的客户解决哪一类难题？

④我们正在满足哪些客户需求？

⑤我们正在提供给客户细分群体哪些系列的产品和服务？

（2）价值主张主要要素。

①新颖：产品或服务满足客户从未感受和体验过的全新需求。

②性能：改善产品和服务性能是传统意义上创造价值的普遍方法。

③定制化：以满足个别客户或客户细分群体的特定需求来创造价值。

④设计：产品因优秀的设计脱颖而出。

⑤品牌/身份地位：客户可以通过使用和显示某一特定品牌而发现价值。

⑥价格：以更低的价格提供同质化的价值满足价格敏感客户细分群体。

⑦成本削减：帮助客户削减成本是创造价值的重要方法。

⑧风险抑制：帮助客户抑制风险也可以创造客户价值。

⑨可达性：把产品和服务提供给以前接触不到的客户。

⑩便利性/可用性：使事情更方便或易于使用可以创造可观的价值。

3. 渠道通路

渠道通路构造块用来描述公司是如何接触、沟通细分客户而传递其价值主张的。

沟通、分销和销售这些渠道构成了公司相对客户的接口界面。渠道通路是客户接触点，它在客户体验中扮演着重要角色。

（1）渠道通路包含以下功能。

①提升公司产品和服务在客户中的认知；

②帮助客户评估公司价值主张；

③协助客户购买特定产品和服务；

④向客户传递价值主张；

⑤提供售后客户支持。

（2）渠道通路主要解决的问题。

①如何接触我们的客户？

②通过哪些渠道可以接触我们的客户细分群体？

③我们的渠道如何整合？

④哪些渠道最有效？

⑤哪些渠道成本效益最好？

⑥如何把我们的渠道与客户的例行程序进行整合？

（3）渠道类型。

渠道可以分为直销渠道与非直销渠道，也可以分为自有渠道和合作渠道。企业组织可以选择通过自有渠道、合作伙伴渠道或两者混合来接触客户。相对于传统营销渠道，新媒体营销渠道并不是只通过一种渠道进行营销，而是需要多种渠道整合营销，甚至在营销资金充裕的情况下，可以与传统媒介营销相结合，形成全方位立体式营销。如图 4-2 和图 4-3 所示。

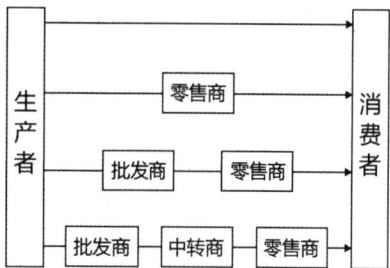

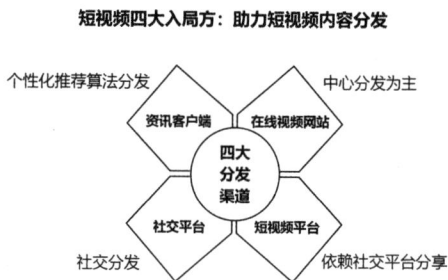

图 4-2　直销渠道图　　　　图 4-3　新媒体营销渠道

4. 客户关系

客户关系构造块用来描述公司与特定客户细分群体建立的关系类型。

企业应该弄清楚希望和每个客户细分群体建立的关系类型。客户关系范围可以从个人到自动化。

（1）驱动客户关系的三个动机。

①客户获取。

②客户维系。

③提升销售额（追加销售）。

例如，早期移动网络运营商的客户关系由积极的客户获取策略所驱动，包括免费移动电话。当市场饱和后，运营商转而聚焦客户保留以及提升单客户的平均收入。商业模式所要求的客户关系深刻地影响着全面的客户体验。

（2）客户关系主要解决的问题。

①如何建立客户关系？

②客户希望我们与之建立和保持何种关系？

③哪些关系我们已经建立了？

④这些关系成本如何？

⑤如何把它们与商业模式的其余部分进行整合？

（3）客户关系类型。

①个人助理：基于人与人之间的互动，可以通过呼叫中心、电子邮件或其他销售方式等个人助理手段进行。

②自助服务：为客户提供自助服务所需要的所有条件。

③专用个人助理：为单一客户安排专门的客户代表，通常是向高净值个人客户提供服务。

④自助化服务：整合了更加精细的自动化过程，可以识别不同客户及其特点，并提供与客户订单或交易相关的信息。

⑤用户社区：利用用户社区与客户或潜在客户建立更为深入的联系，如建立在线社区。

⑥共同创作：与客户共同创造价值，鼓励客户参与到全新和创新产品的设计和创作中。

5. 收入来源

收入来源构造块用来描述公司从每个客户群体中获取的现金收入（需要从创收中扣除成本）。

如果客户是商业模式的心脏，那么收入来源就是动脉。企业必须问自己，什么样的价值能让各客户细分群体真正愿意付款？只有回答这个问题，企业才能在各客户细分群体中发掘一个或多个收入来源。每个收入来源的定价机制可能不同，例如固定标价、谈判议价、拍卖定价、市场定价、数量定价或收益管理定价等。

（1）一个商业模式可以包含两种不同类型的收入来源。

①通过客户一次性支付获得的交易收入。

②经常性收入，来自客户为获得价值主张与售后服务而持续支付的费用。

（2）收入来源主要解决的问题。

①如何用商业模式赚钱？

②什么样的价值能让客户愿意付费？

③他们是如何支付费用的？

④他们更愿意如何支付费用？

⑤每个收入来源占总收入的比例是多少？

6. 核心资源

核心资源构造块用来描述让商业模式有效运转所必需的最重要因素。

每个商业模式都需要核心资源，这些资源使得企业组织能够创造和提供价值主张、接触市场、与客户细分群体建立关系并赚取收入。不同的商业模式所需要的核心资源也有所不同。例如，微芯片制造商需要资本集约型的生产设施，而芯片设计商则需要更加关注人力资源。

核心资源可以是实体资产、金融资产、知识资产和人力资源。核心资源既可以是自有的，也可以是公司租借的或从重要伙伴那里获得的。

（1）核心资源主要解决的问题。

①我们的价值主张需要什么样的核心资源？

②我们的渠道通路需要什么样的核心资源？

③我们的客户关系呢？

④收入来源呢？

（2）核心资源可以分为以下四类。

①实体资产：包括生产设施、不动产、系统、销售网点和分销网络等。

②知识资产：包括品牌、专有知识、专利版权、合作关系和客户数据库。

③人力资源：在知识密集产业和创意产业中，人力资源至关重要。

④金融资产：金融资源或财务担保，如现金、信贷额度或股票期权池。

7. 关键业务

关键业务构造块用来确保其商业模式可行，是企业必须做的最重要的事情。

任何商业模式都需要举办多种关键业务活动，这些业务是企业得以成功运营所必须实施的最重要的动作。正如核心资源一样，关键业务也是创造和提供价值主张、接触市场、维系客户关系并获取收入的基础，而关键业务也会因商业模式的不同而有所区别。例如：对于微软等软件制造商而言，其关键业务包括软件开发；对于戴尔等电脑制造商来说，其关键业务包括供应链管理；对于麦肯锡咨询企业而言，其关键业务包含问题求解。

（1）关键业务主要解决的问题。

①价值主张需要哪些关键业务？

②渠道通路需要哪些关键业务？

③客户关系呢？收入来源呢？

（2）关键业务类型。

①制造产品：与设计、制造及发送产品有关，是企业商业模式的核心。

②平台/网络：网络服务、交易平台、软件甚至品牌都可以看成平台，与平台管理、服务提供和平台推广相关。

③问题解决：为客户提供新的解决方案，需要知识管理和持续培训等业务。

8. 重要伙伴

重要伙伴构造块用来描述让商业模式有效运作所需的供应商与合作伙伴的网络。

企业会基于多种原因打造合作关系，合作关系正日益成为许多商业模式的基石。很多公司创建联盟来优化其商业模式、降低风险或获取资源。

（1）合作关系分为以下四种类型。

①在非竞争者之间的战略联盟关系；

②在竞争者之间的战略合作关系；

③为开发新业务而构建的合资关系；

④为确保可靠供应的购买方——供应商关系。

（2）重要伙伴主要解决的问题。

①谁是公司的重要伙伴？谁是公司的重要供应商？

②公司正在从伙伴那里获取哪些核心资源？

③合作伙伴都执行哪些关键业务？

（3）有助于创建合作关系的三种动机。

①降低风险和不确定性：可减少以不确定性为特征的竞争环境的风险。

②商业模式优化和规模经济：优化的伙伴关系和规模经济的伙伴关系通常会降低成本，而且往往涉及外包或基础设施共享。

③特定资源和业务的获取：依靠其他企业提供特定资源或执行某些业务活动来拓展自身能力。

9. 成本结构

成本结构构造块用来描述运营的一个商业模式所引发的所有成本。

创建价值和提供价值、维系客户关系以及产生收入都会引发成本。这些成本在确定关键资源、关键业务与重要合作后可以相对容易地计算出来。然而，有些商业模式，相比其他商业模式更多的是由成本驱动。例如，那些号称"不提供非必要服务"的航空公司，是完全围绕低成本结构来构建其商业模式的。

（1）成本结构主要解决的问题。

①什么是商业模式中最重要的成本？

②哪些核心资源花费最多？

③哪些关键业务花费最多？

（2）成本结构有以下几个特点。

①固定成本（可见）：成本总额在一定时期和一定业务范围内，不受业务量增减变动影响，而能保持不变的成本。例如，企业管理费用、销售费用以及车间生产管理人员工资、职工福利费、办公费、固定资产折旧费、修理费。

②可变成本（不可见）：总成本中随产量变化而变动的成本项目。例如，外购原材料、燃料及动力费和计件工资，市场、技术、政策、行业、消费者等变化。

③规模经济：企业享有产量扩充所带来的成本优势。例如，规模较大的公司从更低的购买费用中受益。随着产量的提升，这个因素和其他因素一起，可以引发平均单位成本下降。

④范围经济：企业由于享有较大经营范围而具有的成本优势。例如，在大型企业，同样的营销活动或渠道通路可支持多种产品。

（四）商业模式画布

这 9 个商业模式构造块组成了构建商业模式便捷工具的基础，这个工具被称为商业模式画布。如图 4-4 所示。

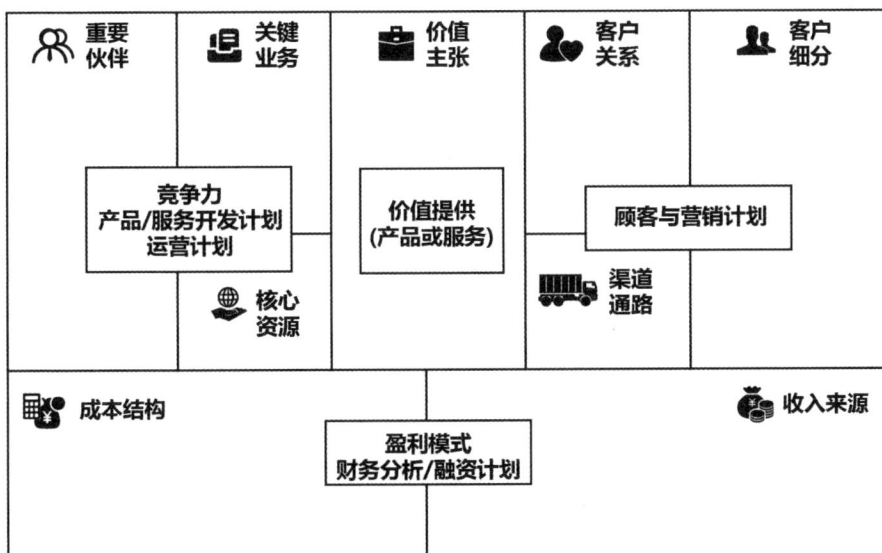

图 4-4　商业模式画布

对整个"商业模式画布"来讲，以"价值主张"为分隔线，其左侧更重视"竞争力"，其右侧更重视"市场"。就如同人的大脑，左脑更加理性和讲究效率，右脑更加感性和关注于用户需求。

三、案例分析

（一）成功案例

1. 苹果 iPod/iTunes

2001 年，苹果发布了其标志性的便携式媒体播放器 iPod。这款播放器需要与 iTunes 软件结合使用，这样用户可以将音乐和其他内容从 iPod 同步到电脑中。同时，iTunes 软件还提供了与苹果在线商店的无缝连接，用户可以从这个商店里购买和下载所需要的内容。这种设备、软件和在线商店的完美有效结合，很快颠覆了音乐产业，并给苹果带来了市场的主导地位。然而苹果不是第一家推出便携式媒体播放器的公司，竞争对手如帝盟多媒体公司的 Rio 品牌便携式媒体播放器曾经在市场上同样成功，直到被苹果超越。

苹果公司是如何实现这种优势的呢？因为它完美地构建了一个更优秀的商业模式。一方面，苹果通过其 iPod 设备、iTunes 软件和 iTunes 在线商店的结合，为用户提供了无缝的音乐体验。苹果的价值主张就是让用户轻松地搜索、购买和享受数字音乐。另一方面，为了使这种价值主张成为可能，苹果公司不得不与所有大型唱片公司谈判，来建立世界上最大的在线音乐库。

关键点在哪里？苹果通过销售 iPod 赚取大量与其音乐相关的收入，同时利用 iPod 设备与在线商店的整合，有效地把竞争对手挡在了门外，其商业模式如图 4-5 所示。

图 4-5　苹果 iPod/iTunes 商业模式画布

2. 星巴克

星巴克成功的秘诀来源于其独特的商业模式创新，主要体现为四个方面。

（1）开辟蓝海，打造"第三空间"。

首先，星巴克在品味、口感上深得人心。其次，它满足现代人快节奏生活的需求，给顾客提供一个可以放松的环境，营造了除工作和生活居所之外的"第三空间"。星巴克是一个可以让顾客休息、阅读、思考、写作甚至发呆的地方，只需要点一杯咖啡就能从进店一直待到打烊，其间不会有人打扰。

（2）体验式服务。

在消费者需求的中心由产品转向服务，再由服务转向体验的时代，星巴克成功地创立了一种以创造"星巴克体验"为特点的"宗教咖啡"，它与一般咖啡店不同的地方在于其赋予了一杯咖啡更丰富的体验感和更深层次的文化内涵。星巴克深知每一个顾客是最直接的消费者，应该努力使之成为常客，为此星巴克对店员进行了深度的培训，使每个员工均成为咖啡方面的专家。顾客在细品咖啡的同时，可以和店员进行深层互动，一起探讨有关咖啡的各类知识。在服务过程中，星巴克实行一种"定制式"的"一对一"服务，真正做到真心实意为顾客着想。

（3）多元化战略。

星巴克在 40 周年庆之际，高调宣布更换全新的品牌标识，使星巴克抛开咖啡的形象，大张旗鼓地进行多元化经营，从一个专门在门店里销售咖啡的专业企业转变为一个拥有多平台、多渠道的全球公司。

（4）创新。

2002 年，星巴克率先在咖啡店提供无线上网服务，让顾客可以一边惬意地享受咖啡，一边网上冲浪；并且于 2004 年，推出了"赏乐咖啡屋"店内音乐服务，顾客一边喝咖啡，一边可以戴着耳机利用店内的电脑中的音乐库选择自己喜欢的音乐，并做成个性化的 CD 带回家。如图 4-6 所示。

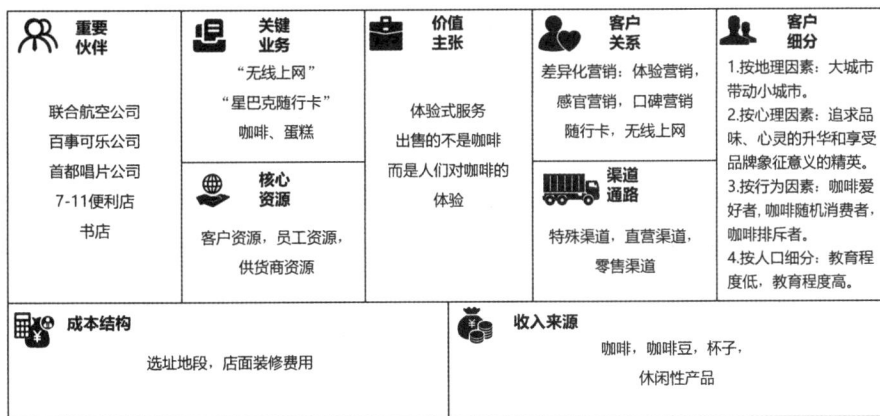

重要伙伴	关键业务		价值主张	客户关系	客户细分
联合航空公司百事可乐公司首都唱片公司7-11便利店书店	"无线上网""星巴克随行卡"咖啡、蛋糕		体验式服务出售的不是咖啡而是人们对咖啡的体验	差异化营销：体验营销，感官营销，口碑营销随行卡，无线上网	1.按地理因素：大城市带动小城市2.按心理因素：追求品味、心灵的升华和享受品牌象征意义的精英。3.按行为因素：咖啡爱好者，咖啡随机消费者，咖啡排斥者。4.按人口细分：教育程度低，教育程度高。
	核心资源客户资源，员工资源，供货商资源			渠道通路特殊渠道，直营渠道，零售渠道	
成本结构选址地段，店面装修费用			收入来源咖啡，咖啡豆，杯子，休闲性产品		

图 4-6　星巴克商业模式画布

3. 日本精品店"Sample Lab"

"Sample Lab"的收入主要来自会员费与广告费，顾客想要免费体验，首先注册会员，利用会员机制，收取会费，每天限制 700 名客户接待量。店里对一次性带走的商品件数进行了会员级别限制，初级会员、中级会员、高级会员可带走的商品不同。免费体验正品，给它带来了好口碑。它的成功之处不单是"会员制"，而是用"免费"和问卷调查的方式收集了大量的消费者信息。这样，一能筛选核心用户，增强用户黏性；二能了解消费者的体验和反馈，帮助改善产品；三能达到更精准的推荐和营销。如同互联网公司运用大数据分析用户习惯一样，拥有消费者的信息，也就意味着能给用户画像。

（二）失败案例——服装百货连锁机构"ITAT"

2007年以来，"ITAT"以近乎"完美"的商业模式设计，受到企业界、学术界、投资商的追捧，获得高达1.2亿美元的风险投资，让很多服装经营企业艳羡不已。

为了扩张，"ITAT"从中国大量的次商圈闲置物业找到了突破口。在创办"ITAT"时，创始人欧某经过大量的考察，发现中国在20世纪初的基建热后遗留下了大量的闲置物业，它们多位于非繁华地带的商住两用楼底层，或者是次商圈的商厦，于是尝试以低成本的方式把这些物业利用起来。但是，这些店铺选址大多在交通不便，人流量不大，市场不甚繁荣难以出租的商场，顾客购物的便利体验感差。

"ITAT"旗下成立了两个公司，管理在海内外注册的100多个商标，"ITAT"旗下几乎所有的商标都有个"洋"名字，做过多年国际品牌代理的欧某认为，中国的消费者更加偏好国外品牌，因此刻意"洋化"商品品牌，乃至在渠道品牌上也强调英文字母"ITAT"以及"国际品牌"等字眼。但实际上，"ITAT"服装产品的供应商来源于中小型、不知名的品牌，在质量不能完全保证的情况下把服装产品贴上了国际品牌的标签，但品牌认知度较低，难以满足顾客对身份的价值需求。"ITAT"的入场企业更是为了降低人气不足带来的风险而提高售价，使顾客对实惠的需求难以满足。

"ITAT"忽略了为客户创造价值，由于"ITAT"定位更大程度上是解决生产商的库存问题，因此产品时尚性就大打折扣，无法针对消费者喜好的变化及时调整商品的款式。另外，由于"ITAT"采用零租金的模式，导致选址渠道设计没有从目标顾客的便利性出发，这是"ITAT"商业模式失败最关键的地方。

小　结

本章主要讲解的是商业模式的定义及其相关内容,主要包括商业模式的九要素和商业模式画布这两个方面。

商业模式是创业者创意,商业创意来自机会的丰富和逻辑化,并有可能最终演变为商业模式。商业模式的九要素分别是客户细分、价值主张、渠道通路、客户关系、收入来源、核心资源、关键业务、重要伙伴、成本结构。通过对商业模式九要素的学习,不仅能加深对商业模式的了解,还能在创业时构建较为清晰的商业模式模型。

商业模式九要素组成了商业模式画布工具,商业模式画布在商业中能够帮助创始人在第一时间调整商业模式方案,查缺补漏,弃其糟粕,取其精华,顺利升级。同时,作为一种可视化语言,商业模式画布是描述商业模式、评估商业模式甚至改变商业模式的一种通用语音。

通过对苹果 iPod/iTunes、星巴克以及日本精品店 Sample Lab 这三个成功的商业模式案例及其商业模式画布的分析,创业者能加深对商业模式的了解,同时也提高了对商业模式分析的能力。更重要的是,本章节还能为创业者提供企业规模、收入来源、业务特点及企业价值观等相关指引和借鉴。

章节思考

1. 选择一个自己感兴趣的商业案例，对其商业模式进行分析，完成商业画布。

重要伙伴	关键业务	价值主张	客户关系	客户细分
	核心资源		渠道通路	
成本结构			收入来源	

2. 根据所学的商业模式知识，自由组建一个项目团队，尝试根据商业模式画布进行商业模式的设计。

重要伙伴	关键业务	价值主张	客户关系	客户细分
	核心资源		渠道通路	
成本结构			收入来源	

第五章　　财　务

一、创业故事：学通会计——为企业奠定基石

作为享誉全球商界的"汽车玻璃大王"FY 集团创始人、董事长 C，其经历十分具有传奇色彩，从辍学回家的放牛娃到创办玻璃工厂跻身顶级富豪行列，再到全球扩张成为家喻户晓的华商名人，无一不为世人所津津乐道。FY 集团是目前中国乃至全球规模最大的汽车玻璃供应商之一，在集团的成长发展过程中财务表现稳健，财务制度设计与执行科学，这些都离不开 C 出色的财务管理思维。

由于时代原因，C 的学历并不高，14 岁只读到初中一年级便辍学回家，在街头卖过烟丝、贩过水果、拉过板车、修过自行车，尝遍了生活的艰辛。但他具有热爱学习的品质，一直都在坚持自学，包括之后影响 FY 集团发展所涉及的财务会计知识，都是他坚持学习的成果。

20 世纪 70 年代，C 在当地玻璃厂担任采购员时，在工作之余阅读了大量会计书籍，深入学习会计知识，学会透过各种数字分析企业的实际经营状况。后来，他承包了这家年年亏损的乡镇企业，利用所学知识很快使得企业扭亏为盈，同时也赚到了他人生的第一桶金。

到了 20 世纪 90 年代，在 C 的领导下，FY 玻璃走上了发展的快车道。为带领企业更好发展，C 自学了 MBA 的相关课程，其中包括管理会计、财务成本、财务管理、统计学、管理学、质量管理、金融学、微观和宏观经济学、国际金融、国际贸易和市场营销学等。

1991 年，中国试水股票市场，而福建省仅有的股票发行公司的名额，政府毫不犹豫地给了 FY 玻璃。1993 年，FY 玻璃登陆国内 A 股，成为中国第一家引入

独立董事的公司。

1995年，C运用管理会计财务知识建立了目标成本制度，把FY夹层玻璃每平方米损耗从2.8降到了2.1，达到了世界先进水平。FY在成本改善的管理革命上取得了圆满的成功，为后来FY的发展奠定了坚实的基础。

这一切的背后，离不开C强大的财务管理能力的支撑，他几十年不断坚持学习的精神，给现代企业经营者树立了一个典范和榜样。

二、创业理论

（一）创业者必备的财税知识

财税对企业发展至关重要，但很多企业尤其是初创企业的创业者对于财务和纳税知识知之甚少，导致创业之路处处受阻。

1. 资产、负债、所有者权益的基本概念

我国于1992年发布的《企业会计准则》对以上概念进行了定义，将资产定义为"能够用货币计量的经济资源"。

《企业财务会计报告条例》（国务院第287号令发布，自2001年1月1日起施行）第九条中对资产进行了重新定义：资产，是指过去的交易、事项形成并由企业拥有或控制的资源，该资源预期会给企业带来经济利益。因此，可以将它理解为企业拥有的现金、银行资金、票据、固定资产等。负债，是指过去的交易、事项形成的现时义务，履行该义务预期会导致经济利益流出企业，可以将其理解为企业所承担的能以货币计量、需以资产或劳务偿还的债务。所有者权益定义为企业资产扣除负债后由所有者享有的剩余权益，可以将其理解为创业者投入的资金，以及后续未分配的利润等。

2. 发票的基本类型

发票是国税总局印制，各个企业出具和收取，用来证明费用或者成本发生的重要依据；普票是指增值税普通发票，其增值税不可抵扣；专票是指增值税专用发票，其增值税在增值税一般纳税人企业中可以抵扣。

3. 税种的基本类型

（1）增值税属于流转税，是根据收入进行征收，税率在3%～11%；

（2）个人所得税是针对个人所得的税金，税率在 3%～45%，主要针对劳务收入、工资收入、分红收入等；

（3）企业所得税是针对企业的利润的税金，一般为 25%，小微企业的税率一般为 2.5%～15%。

（二）财务管控

1.财务组织

财务管理是企业管理的一个组成部分，是根据财经法规制度，按照财务管理的原则，组织企业财务活动、处理财务关系的一项经济管理工作。因此，在创业团队搭建组织结构和进行分工时，需要有人负责资金和财务管理，可以非专职，但必须设立此岗位。

企业无须担心自身团队没有专业财务人才，因为所谓的专业多为后天实践而成的。财务基础工作难度不高，更多要靠长期的工作积累，只要拥有大量的实践机会，便不难成为公司的首席财务官。

2.会计建账

企业由专人负责做账或是请代账公司全包揽，这是多数创业者在初期面临的一个重要选择。代账公司可省人力成本，自主专人负责可为公司培养人才，两者各有优势。此时需要视企业的规模评估，在企业的初创期可以委托代账公司做账，这样有利于公司日后的规范化发展。但如若企业已初具规模，在部门或岗位分工已经明确的情况下，有必要招聘专职财务人员，通过工作实践，经历公司的发展和成长，充分了解公司各环节的业务运作，这样的人才将会是公司宝贵的财富。

3.资金管理

很多精通财务的人最重视的财务报表往往不是损益表或资产负债表，而是现金流量表，因为现金流量表能够展现公司现金往来账务。不论何等规模的公司，资金管理都是财务管理中最重要的一环。

对于创业公司来说，具有造血能力是维持运营的根本要素，但充分运用现有资本同样至关重要。创业者要学会充分管好资金并合理支出，包括人力支出、物料支出、办公场地支出等。

在每个时段都要有完备的财务预算，资金预算要精确到月，甚至到周，因此创业团队要保证公司账面上有不少于 6 个月的现金储备。

4. 内部控制

内部控制是在一定的环境下，企业为了提高经营效率、充分有效地获得和使用各种资源，达到既定管理目标，而在单位内部实施的各种制约和调节的组织、计划、程序和方法。

企业财务管理和内部控制具有很强的相关性，所以对于创业期的公司，内部控制一定要以财务为核心，调动全员参与。

创业公司内控难主要在于人少、部门分工不明、职责不清、业务交叉过多、账务处理不规范等方面，一定要找到公司内控的薄弱环节，有针对性地堵塞实质性漏洞。主要措施如下。

（1）职务分离。

任何事务集中于一人办理都是有风险的，但创业公司受规模人员限制，无法保障所有岗位都为专人专职，所以适当增加岗位互相牵制就显得尤为重要。

需要注意的是，出纳只负责现金收支，不能兼任做账、审核和档案保管；法人章、公司章、财务章要尽可能交由不同的人保管；仓库保管员不能兼做商品明细账；处理每项业务全程须有两名以上的人员负责，起到互相制约的作用。

（2）减少现金交易。

公司涉及的所有交易都用公司基本账户完成。因为通过银行账户付款具有一定流程记录，同样收款也要走银行。要做到不收现金，不付现金，即使年底不做账，对账单流水也能较详细地体现企业现金流，同时具有真实性。

（3）规范内部审批流程。

所有签批都按公司规定走流程，便于明确责任，事后监督。可借鉴正规企业的全套空白单据，对照研究进行优化。

（4）重视会计档案的保管。

会计档案是指会计凭证、会计账簿、财务会计报告等会计核算专业资料，是记录和反映单位经济业务发生情况的重要史料及凭证。通过会计档案，可以掌握每项经济业务的来龙去脉，也是检查每笔业务是否遵守财经纪律的途径。因此，加强会计档案管理可以促进财务管理水平的提高。

很多小企业不重视会计档案的保管，由于资料不全，出现问题无法追溯。会计凭证只是一个记录，真正重要的是凭证后的原始单据，凭证后该有的单据，会计人员应完整存档。

（5）印鉴章的管理。

公司根据各类印章的不同功能及使用范围，对印章实行归口管理，由相关专人负责保管并承担责任，公司各种印章的使用原则是谁经办谁负责、谁审批谁负责，内部审批流程明确使用人与责任人。如果印章保管人外出或请假，由印章保管人推荐临时保管人，必须经过负责人和领导同意，并且做好相关登记。

5. 事后监督

事后监督包括请审计事务所年度审计、针对内控做专项检查、个别重要岗位互换、年终财务分析报告、对业务员进行业绩考核等。

总之，创业公司资金不充裕、人员有限是客观情况，但只要勤于管理，公司的财务工作也能一样规范运作，并为日后的发展壮大打好基础。

（三）财务报表的关联及分析——企业数字化管理的重要工具

财务报表包括"资产负债表""利润表"和"现金流量表"，这三个报表是企业管理中最常用的，从企业的"资产""利润""现金"三个方面进行了高度的概括和总结，企业管理人员可以通过分析和解读这三份报表进行全方位的管理和调控。

1. 资产负债表

表示企业在一定日期(通常为各会计期末)的财务状况(即资产、负债和业主权益的状况)的主要会计报表。它是反映企业在某一特定日期（如月末、季末、年末）全部资产、负债和所有者权益情况的会计报表，也是企业经营活动的静态体现。根据"资产=负债+所有者权益"这一平衡公式，依照一定的分类标准和一定的次序，将某一特定日期的资产、负债、所有者权益的具体项目予以适当的排列编制而成。

2. 利润表

利润表是反映企业一定会计期间（如月度、季度、半年度或年度）生产经营成果的会计报表。企业一定会计期间的经营成果既可能表现为盈利，也可能表现为亏损，因此，利润表也被称为损益表。

3.现金流量表

现金流量表是反映一定时期内(如月度、季度或年度)企业经营活动、投资活动和筹资活动对其现金及现金等价物所产生影响的财务报表。它所表达的是在一固定期间(通常是每月或每季)内，一家机构的现金(包含银行存款)的增减变动情形。

现金流量表自古以来是我国传统账房先生的记账本，它多采取以现金收支为基础的流水账形式。

4.资产负债表、利润表和现金流量表的关联

资产负债表是三张报表的基础。用人体来比喻，就好比是人体的骨骼。骨骼并非越大越好，最重要的是强壮。企业也是一个道理，不能一味追求资产规模的扩充，应当努力提高资产质量。一家良好的企业，资产负债表要健康高质，绝对不能华而不实、大而无用，最后导致骨质疏松，一触即溃。

与骨骼相对应，利润表则好比是人体的肌肉。肌肉需要的是强健有力，有冲击力和爆发力，更需要有持久力和耐力。利润表跟人一样，最怕的就是虚胖，"虚胖"的利润表是十分不利于企业长期健康发展的，甚至还会引发未来不同的病症。比如一些大型企业，销售收入巨大，但利润微乎其微，甚至出现亏损，一旦经济形势发生巨大变化，企业就处于入不敷出的边缘。因此，利润表要的是剔除"脂肪"，强健有力。

有了强健的骨骼（资产负债表）、有力的肌肉（利润表），这个时候最关键的，便是拥有健康的血液——流动的现金流量表。

现金流量表是检验和分析企业血液（现金）流动和血液（现金）质量的一份重要报表。通过分析现金流量表，可以让企业的管理者和投资者了解企业造血机制（经营活动的现金流量）的运行情况、企业的体外输血机制（筹资活动的现金流量）的运行情况，以及企业的放血机制（投资活动的现金流量）的运行情况，从而掌握企业的真实处境，避免出现"供血不足"又或者是"造血机能障碍"的问题——"资金链断裂"。现金流量表的关键是流动的现金。

5. 财务分析

首先需从根源来探究企业的经营模式和发展思路。一家企业的起步发展，总是由一个想法开始，这便是企业的战略。有了战略目标后，企业便开始募集各种必要的资源，包括人、财、物以及信息。企业经营管理的过程就是将各种资源充分并有效地利用和开发，生产制造并提供产品和服务，从而实现经济收益最大化的过程。

资源运用的效率包括对资金、设备、人才以及其他资产的利用效率。产品的回报是指产品销售带来的收入和利润。要想实现企业价值的最大化，企业管理人员需要将企业的资源运用效率做到最大化，同时将产品的回报做到最大化。

6. 企业数字化管理的重要工具——财务报表

资产负债表主要记录企业募集的各种资源的来源以及运用状况和效率。比如机器设备的运用效率，通常用固定资产周转率来分析；资金的运用效率，通常用货币资金周转率和应收账款周转率来分析；募集和使用资金的效率，通常用资产负债率（财务杠杆）来分析。通过这些资产负债表的项目分析，可以帮助管理者了解和掌握企业资源的运用效率和状态，从而进一步提高企业效率。因此，资产负债表是负责分析企业资源效率的报表。

利润表则主要记录从产品研发，到采购，到生产，到仓储物流，到销售渠道，最终到客户端，整个价值链上的产品回报情况和信息。如用市场份额、售价和销量来分析产品的销售情况，用毛利率和净利润率来分析产品的生产利润和经营利润情况。对各种各样的利润表项目的研究和分析，可以帮助管理者洞悉企业所经营产品的回报情况，从而帮助管理者找到进一步提高产品回报率的途径和方法。因此，利润表是负责分析企业产品回报的报表。

由此可见，资产负债表负责资源（资产和负债以及所有者权益）的利用效率，利润表则负责产品（各类产品的销售收入和利润）的回报情况。只要把握好这两张表，就可以牢牢把握企业的经营核心。而现金流量表，更像是一张企业的综合预警报表，俗称"体温计"，通过对不同现金流的分析，可以对企业不同的职能和模块提供预警提示，帮助企业找到已发生的或即将发生的问题。因此，现金流量表是资产负债表和利润表的重要补充。

这三张报表好比企业的三维透视图,通过不同的视角和纬度来探究企业各方面的情况,最终帮助企业的管理人员发现企业发展的契机,定位问题所在,寻求解决和完善之道,最终确保企业的可持续健康发展。

(四)创业公司财务管理的七个关键点

1.重视内部管理

创业公司多以客户为导向、以销售为中心,而财务管理的制度、流程,通常处于散、乱、差的状态。公司不论规模,都有必要建立完善的制度,关键流程必须模式化。通常而言,关键的流程包括:费用报销流程、借款流程、对公付款流程、采购申请流程、发票开具流程、合同审批流程等。

财务制度须重点建立员工报销借款制度,对公付款制度,发票的开具、领用、收取制度,应收应付管理制度,固定资产管理制度,资金预算管理制度,员工出差报销制度,等等。

制定流程和建立制度是做好财务管理的第一步。创业初期,流程和制度要尽量简化,复杂化容易造成低效和高成本的问题。流程和制度建立之后,要求财务部监督执行,全公司严格遵守,这是保证创业型公司财务工作规范化非常重要的一环。

2.重视预算(计划)管理

创业公司的资金预算编制尽可能准确,要充分考虑到公司资金缺口情况,并制定相应的资金风险应对计划。在预算的执行方面,要定期评估资金支出方向是否符合公司战略方向、是否达到资金使用的效率和效果。创业公司的重心在于开拓市场、寻找客户、创造收入等多个方面,资金预算也须坚持"好钢用到刀刃上"的原则。

3.重视财务管理

创业公司无须建立复杂的财务分析体系,无须将盈利能力、偿债能力、发展能力、营运能力等全套指标皆按口径计算,但财务分析要保证基础财务数据的准确性。

基础财务数据包括两大类:第一是财务数据,包括利润表、资产负债表、现金流量表的数据;第二是经营数据,包括产量、销量、采购量、采购额、生产量、原材料、半成品、产成品的数量金额等。

任何财务数据都须以真实准确为标准,在此基础上,可将一些非常重要的财务分析指标计算列示出来，如毛利率、销售净利率、各种成本费用占收入的比重、收入及利润增长率、应收账款周转率、存货周转率、资产负债率等。

4. 重视内控

在当前竞争日益激烈的市场环境中，企业面临的各种风险呈现出复杂性和多样性的特点。作为企业管理的一个重要手段，内部控制在防范企业的经营风险和财务风险过程中起着重要作用，是保证企业正常经营活动以及实现可持续发展的重要力量，内部控制的建立健全已成为企业生产经营成败的关键。

创业公司要重视内部制度管理，财务部门要审核各部门的报销、借款、资金支付是否合理，财务负责人要具备识别异常资金支付单据的能力。

对于全部资金收款和付款的流程设置，其审批流程必须规范完善，处理每项经济业务要有两人或两人以上工作人员介入负责。

企业在设计建立内部控制制度时，首先确定哪些岗位和职务是不相容的，使不相容的岗位和职务之间相互监督、相互制约，形成有效的制衡机制。

5. 重视税筹

管理者应充分利用税收优惠政策，为公司节省税费支出。

在国家大力培育扶持中小微企业的政策引导下，诸多具有扶持力度的政策值得充分利用，如小微企业在增值税、企业所得税方面的税收优惠，对于销售自主研发软件产品的一般纳税人的增值税即征即退政策，对于软件企业、集成电路企业所得税的"两免三减半"政策，对于研发费用加计扣除政策等。

除去常规的国家统一规定的税收优惠政策外，部分地方政府或者开发区等也有相应地方性的财政扶持政策，比如研发项目投入的返还、房租的减免、个人所得税的返还等。因此，对于创业公司财务人员来说，研究国家、地方财税政策是非常重要的一项工作内容，往往能够给公司带来意想不到的收获。

6. 重视融资

创业公司一个最大的生存点就是资金。由于客户和经营不稳定等原因，创业公司经常会面临资金短缺的问题，对于财务负责人来说，帮助公司融资是一项重要工作。如果创业公司财务负责人能够在融资方面提供强大支持，那么财务对创业公司的地位和重要性就会大大增加。在股权融资和银行贷款方面，财务负责人也有发挥的空间。如现阶段国家及地方政府因疫情出台的融资扶持政策、贴息贷款等，符合政策要求条件便可积极申请。尽管银行贷款的额度可能不大，但能够以低于市场资金成本的优惠获得贷款资金，对于创业公司来说也极具价值。

7. 重视业财融合

由于创业公司规模小、组织机构简单，创业公司的财务负责人必须走出财务室，深度融入公司运营。

以上七个关键点可以总结为：创业公司同样需要定流程、建制度、做内控，抓住重点，运用低成本且最实用的办法；创业公司的资金预算最重要的是理解公司战略，控制资金支出；善用税收优惠政策，每年节省税费的金额将大有用处；做好股权融资会提升财务工作价值，因为财务可能帮助公司续命；财务负责人要走出财务室，深入第一线，业财融合就是财务部在与市场、销售部的合作过程中完成的。

（五）创业路上的财税误区

创业路上最容易掉入哪些财税误区，创业者又该如何规避？

误区一：为避税从而瞒报实际收入。收入一定要如实申报，不能弄虚作假。

误区二：虚开增值税发票，不能区别财务、会计、税务的差异。

误区三：财税管理成本过于节俭，过于重视和税务管理机构之间的关系。

误区四：不认真对待财税报表，不清楚企业真实的经营状况，觉得把财务工作都交给其他人即可。作为公司的所有者，查看并深入理解公司的财务报表是必备能力。

误区五：有发票才能做账。发票不是做账的依据，只要成本或者费用确实发生，在合同、收据及其他资料的支持情况下，均可以入账。

三、案例分析

"JR"集团，从一个红遍全国的知名企业到衰败没落，前后不过五六年时间，一个典型的民营企业过山车式的发展过程，有其成功的原因，也有其失败的因素。

第一步险棋

在西方国家向中国出口计算机的浪潮下，康柏、惠普、AST、IBM 等国际电脑公司开始围剿中国的电脑公司,中国电脑业于1993年走入低谷。而这时候"JR"集团开始以超出自己能力十几倍的投资建设"JR"大厦,"JR"进入房地产行业,本身就是一种很偶然的行为,并不是出于战略的考虑。回顾"JR"大厦的建设,从初始的投资目的,乃至后续整体楼层建设规划都是一改再改,目标不清晰导致投入的资金越来越多。"JR"几乎采用了颠覆主业发展的方式来进行建设,而一个企业的生存与发展需要现金和利润来支持,当企业频繁出现现金流短缺和利润缺口,后果可想而知。

第二步险棋

1995年,一个名为"二次创业"的总体目标被提出:跳出自己擅长的电脑领域,进入生物工程领域,走产业多元化的扩张之路,以此来寻求解决矛盾的出路。

对"JR"集团来说,生物工程是一个相对陌生的领域。在对这个市场的开拓中,"JR"集团不了解该领域的消费者特性,也不熟悉这一新领域的资金运作和营销策略。生物工程领域有进入壁垒高、退出壁垒低、需要大量资金支持科研的特点,该行业进入成长期后仍需要足量的资金支持,"JR"集团创始人S却釜底抽薪去建"JR"大厦,在最关键的时候拿走了生存、竞争的保证。因此,"JR"集团越陷越深。

第三步险棋

突变式的"JR"管理变革。管理的目标是使企业更具有生命力,以获取更多利润。管理的进步和升级,是需要基础的,管理中人的成分用8:2原则来讲,人占了80%,且是动态的,针对人的管理变革,管理基础系统不能少,缺乏基础的管理变革,经不住市场经营风险变化的冲击。1994年8月,S突然召开员工大会,解除了原集团所有干部的职务,全部重新委任。这种组织结构和决策体系的随意变动,给企业的战略发展带来更大风险。

多元化经营:核心竞争能力的矛盾问题

近年来,我国不少企业追求多元化经营模式,试图通过多元化经营减轻企业经营风险,使企业走上健康稳定发展的道路。然而,现实却让人们看到多元化经营使许多企业走上了加速陷入财务危机甚至破产危机之路。

经验与教训一：资金短缺与协调困难的矛盾问题

公司的多元化发展必须与核心竞争能力紧密联系，并以培植公司新的核心竞争能力为中心，从而有助于维持和发展公司的竞争优势，确保公司长期稳定发展。

"JR"集团为追求资产的盈补性，以超过其资金实力十几倍的规模投资一个自己生疏而资金周转周期长的房地产行业，使公司有限的财务资源被冻结，从而使公司的资金周转产生困难，并因此形成了十分严峻的资产盈利性与流动性矛盾。其经营的生物工程因正常运作的基本费用和广告费用不足而深受影响。

"JR"集团从事房地产开发和建设，却未向银行申请任何贷款，不仅使企业白白浪费了合理利用财务杠杆作用从而给企业带来效益的可能机会，而且也使企业因放弃举债而承担高额的资本成本，最后使企业在资产结构与资本结构、盈利性与流动性的相互矛盾中陷入难于自拔的财务困境。

经验与教训二：集团化管理与财务失控的矛盾问题

要确保公司有限财务资源的合理配置和有效利用，保持资产结构与资本结构、资产盈利性与流动性的有机协调，从而在资金上保证公司的健康发展。

随着多元化经营道路的发展，企业规模急速扩大，集团化管理成为必然。集团公司管理的主要任务是集团公司的整合。没有整合的集团公司难以发挥集团的整体优势，充其量是一个大拼盘，属下各自为政，集团内部难于协调运作，财务失控也就在所难免。

"JR"集团采用的是控股型组织结构形式，在使各厂属单位（子公司）保持较大独立性的同时，却又缺乏相应的财务控制制度，从而使公司违规违纪、挪用资金、贪污事件层出不穷。传媒披露"JR"集团1位副总裁及7位分公司经理携巨款潜逃，这都加速了"JR"集团陷入财务困境的步伐。

经验与教训三：突变式管理与基础管理系统薄弱的矛盾问题

公司集团化必须与财务控制制度建设保持同步发展，集团公司能否稳定健康发展的关键在于能否有效整合集团。而财务控制制度建设是集团公司整合的关键环节。

小　结

本章主要介绍公司财务整体解决方案，重点讲解创业公司实现公司化运营所需掌握的基本框架内容，主要包括创业者必备财税知识等方面。

财税方面主要通过创业者必备的财税知识、公司成立之后的财务管控以及核心财务报表分析三个方面进行阐述，通过学习，使学生对财务所涉及的核心基础概念有一定认识，同时，作为创业者、公司核心管理人员，须对公司正式运营所涉及财务工作管理与控制，以至对财务分析有系统性的了解，为更好地在创业过程中控制风险，实现公司资源利用效率最大化、产品回报最大化。

通过 FY 玻璃重视企业会计制度的成功案例，以及 JR 集团创业的失败案例，对整个创业过程中财务的重要性进行分析，并重点讲解了企业管理中最常用到的三张报表——"资产负债表""利润表"和"现金流量表"及它们之间的关联。通过报表对企业进行三维分析，探究企业各方面的情况，最终帮助创业者发现企业发展的契机，定位问题所在，并寻求解决和完善之道，最终确保企业的可持续健康发展。

章节思考

1. 请思考"资产负债表""利润表"和"现金流量表"三张报表的作用及各报表之间的关联关系。

2. 公司成立后，作为管理者在公司运营的资金管理方面如何具体实施计划？

第六章　融　资

一、创业故事：N 音乐

（一）互联网+音乐教育

"我是一个音乐的受益者，所以很希望可以当一个老师把毕生所学教给大家。本来这件事情可以放在后面，但是互联网对我有一点刺激。"N 音乐创始人知名音乐人 H 说，他做 N 音乐的初衷还是教育，但互联网让他有机会更有效率、规模化地实现目标。

2014 年，N 音乐获得由逐鹿资本领投的数百万元人民币的天使轮融资，2015年 1 月，N 音乐——O2O 音乐教育平台 App 正式上线。

N 音乐的课程教学内容分为声乐、钢琴、吉他、贝斯、爵士鼓五大部分，使用者只要打开 N 音乐 App，就可以自由选择学习演唱、弹吉他或其他器乐，观看音乐专家教学视频。它集合明星音乐教学、练习录制、发现分享等功能，为更多音乐爱好者提供了一个专业的音乐学习和在线交流平台。

（二）在线教育平台与在线音乐节目的融合

N 音乐采用慕课模式授课，与 Y 视频平台联合出品了在线音乐教育节目《音乐教室》，每周推出一首时下最热门的流行歌曲，让用户跟着明星老师学习曲目的演唱、演奏要领，高针对性、高实用性地传授音乐实战知识，由包括 H 在内的海内外知名艺人亲自授课。

作为国内首档明星公开课，它开辟了一个全新的明星视频服务类节目新领域，节目上架半年，总播放量超 4000 万，每集平均播放量超 100 万。时任 Y 视频平台的副总裁表示，《音乐教室》无论从订阅数还是好评度都创下了纪录，完全体现了一个新的现象级节目的特征。

"其实，我们希望用视频的方式非常清晰地来告诉大家学习音乐是怎么一回事。"H表达了开办N音乐的初衷，"在教学的时候，我们试图打破传统教育方式，不需要枯燥无味地学习一堆基础知识，而是边学边玩。"

（三）集合明星效应的品牌优势

N音乐的班底实力雄厚，有人气歌手H亲自上阵，加上摇滚女皇T、知名歌手御用鼓手、贝斯教父、金牌制作人、华语吉他鼻祖等大腕组成的明星导师团助阵。

H毫不掩饰明星创业的优势："不管是眼界还是人脉，可能我们都会比一般人有优势。此外，所谓的明星效应也是很大的优势，即便在创业初期，创业明星就能通过自己的个人品牌力量把产品及品牌提升到一个高度。"

（四）创业和融资看中的是资源而非资金

N音乐是由H和另外两个合伙人共同投资创办的，一位是H的大学同学，拥有十多年的视频行业经验，也是一名成功的企业家，他主要负责N音乐视频内容的制作；另一位合伙人则是音乐节目的现场音乐执行导演，积累了很多的音乐人才资源。

"大部分人都会觉得明星在自己的领域已经非常成功，所以，要重新创业的话可能会没有办法回到起点。"H解释，"我个人认为，找到合适的合作伙伴是成功的关键，坚持是明星创业过程中特别需要克服的难点。"

在N音乐不断发展壮大的过程中，有很多投资人与N音乐接触。在选择投资人时，N音乐拒绝"对赌协议"。H表示，"我们主要先看资源。好的资源比资金更为重要，若资源对位，对整个N音乐的发展和用户转换量都有很大的帮助"。

2016年，公司得到了某教育产业基金1820万元的天使轮融资，从线上教学，到线下发展，N音乐越办越火，名气也越来越大。

二、创业理论

（一）创业资源

资源是构成市场经济活动的基本要素，是任何商业活动的基础。

马克思在《资本论》中指出，资源通常是指可供满足人们物质生活和精神生活需要的自然要素和社会要素的总和。在经济学中，资源即为生产要素。在当代，可以将这种生产要素划分为自然形成的资源和人类文明创造的资源，包括自然资源、经济资源和人文资源。自然资源是指自然界中人类可以直接获得并用于生产和生活的物质，如土地、森林、矿产等；经济资源是具有稀缺性且能够带来财富效用的经济物品的总称，包括固定资产、实物资产、货币资本、技术等；人文资源可以理解为人类社会有史以来所创造的物质的、精神的文明成果综合，如语言文字、文化传统、历史遗存等。

沃纳菲尔特在"企业资源论"中指出，企业是由资产和使用资产的能力组成的集合体，每个企业具有不同的有形资源和无形资源，这些资源可转变为独特的能力。一个企业的竞争优势在于它特殊的异质资源，这些独特、不可模仿的资源与能力是企业保持持久竞争优势的源泉。

创业资源是企业从初创到成长过程中所需要的所有生产要素的支持条件，对于创业者而言，对项目与企业发展有所助益的资源都可划分为创业资源。创业可以理解为是资源整合的过程，创业团队拥有一定数量的资源能够掌握更大的主动性，从而促进商业活动的形成与发展。但对于大部分的创业者而言，在创业的各个阶段都有可能面临资源稀缺的危机，所以创业者应善于整合资源，在对有限资源创造性利用的基础上，进行资源开发。

（二）创业资源的类型

1. 货币资源

货币资源是指在企业中以货币等形态存在的资源，确切地说是价值存在的一种特殊形态，如现金、银行存款及应收款项。货币资源是所有资本形式的根源，是任何金融活动的基础，基于马克思的这一观点，书中所讨论的融资大体都围绕着货币资源进行。

2. 固定资产资源

固定资产是指企业为生产产品、提供劳务、出租或者经营管理而持有的、使用时间超过 12 个月的，价值达到一定标准的非货币性资产，包括房屋、建筑物、机器、机械、运输工具以及其他与生产经营活动有关的设备、器具、工具等。固定资产是企业的劳动手段，也是企业赖以生产经营的主要资产。

3. 社会资源

社会资源最直接体现为人际关系资源，通过调动人际关系网络满足需求，从而转化为其他有形的客体。社会资源还可以包括人力资源、信息资源等。人力资源指的是企业内部员工所具备的能为企业服务的相关特质，这些特质可为企业创造出一定的价值，进而推动企业的发展，具体主要涉及员工所掌握的知识、技能以及实践经验等。

4. 技术资源

对于一个企业来说，技术资源包括两个方面，其一是与解决实际问题有关的软件方面的知识，其二是为解决这些实际问题而使用的设备、工具等硬件方面的知识。两者的总和就构成了这个组织的特殊资源。

创业资源不仅仅可以通过这几种类型来划分，对于艺术院校学生而言，创业资源的优势主要集中在技术资源这一层面。以星海音乐学院为例，作为华南地区唯一一所高等音乐学府，各院系学生的专业能力与专业素养是其核心竞争力，再辅以其他资源，创业资源便能不断扩充。

（三）融资的意义

融资，是为了企业的创建、正常运营、扩张和发展而获取资源的过程。从广义上来说，融资是融通资源，是资源持有者与资源需求者之间产生的直接或间接资源融通的活动；狭义上来说，融资即为企业资金筹集的过程。

在融资之前，融资者必须明确的是，融资的目的是什么、融资的渠道有哪些，一定要根据自身的实际情况选择合适的融资方式。通常来说，企业都会经历三个发展阶段——初创阶段、成长阶段、成熟阶段，在每个阶段都可以进行至少一次融资，这样能确保企业在市场中稳步前进。所以，创业者需要具备前瞻性，融资需要提前谋划，切忌在危难之际临时起意。

1. 新企业起步——初创阶段

当项目/企业拥有创意、产品雏形，但还没有形成完善的企业规划和商业模式时，企业所处阶段为初创阶段。这一阶段，创业者需投入资金进行产品的研发、团队的构建、形成完整的商业模式并进行验证。

绝大多数创业者在创业前期利用个人或亲友筹借的资金作为启动资金建立

企业,极少数创业者能在成立企业之前仅靠个人资金保障初创阶段的投入与运营开支,由此可见,融资在企业初创阶段是十分必要的。

2.扩大规模之必需——成长阶段

当企业初步成型,逐渐形成自身主营业务或非持续性收入之时,已然步入成长阶段。这一阶段企业的发展速度较快,需要大量的资金开展后续研发、购入软硬件设备、进行市场试营销,但因还未形成持续性收入模式,获取商业信贷的难度极高,可以选取风险投资获得所需资金。

企业的初创阶段至成长阶段,常被称为"死亡谷"。据统计,约有90%的企业在这个阶段未能存活下来。因对资金的需求十分迫切,多数创业者投入第一笔资金之后,在运营资金不断投入的同时,还未能形成良性的收益模式,资金的支出远远大于收益,没有现金流的支撑,很快便岌岌可危。也是因此,这个阶段的企业要获得投资人的青睐十分困难,在达到盈亏平衡点之前,多数企业已然消失于万千市场之中。可以发现,资金越少,企业的发展越难以维持,创业者对于这一阶段的融资必须重视。

3.保障企业之正常运营——成熟阶段

创业资金不仅是企业生产经营过程的起点,更是企业生存发展的基础,企业在运营过程中需要大量的、持续性的投入,拥有稳定的资金链是保障企业正常运作的前提。处于成熟阶段的公司应保证其资金运转正常,创业者必须清楚当下的财务状况,并保障不低于6个月的现金储备,由此在突变环境中不会出现措手不及的情况;且完成一轮融资大约需要半年时间,足够的现金流是支撑企业获得下一轮融资的必要条件。

融资有利于企业可持续发展,有些企业到达成熟阶段时,不再需要外部资金的支持,但仍然在进行融资,一方面是为预防资金链断裂;另一方面极有可能是融资者不只是在寻找一笔资金,而是寻找除资金外的其他资源。例如,有经验的投资人能在合作的各个阶段发挥作用,所以,融资同时也是在为创业企业植入健康基因。

(四)融资的渠道和方式

在企业成立之时,大多数创业者都已经投入了尽可能多的私人资金,合理选择融资渠道和融资方式，有利于降低资金成本、控制财务风险。许多大学生创业者在融资时，会采取"广撒网"的模式，认为广撒网可以捕到更多的鱼。并不是这种方式不可行，而是这意味着创业者没有确认自己的需求，除了资金之外，应当了解投资方与企业的目标是否契合、投资方是否适合协助企业的发展。

1. 借贷

（1）银行贷款。

银行贷款是指根据国家政策以一定利率将资金贷放给资金需要者，并约定期限归还的一种经济行为，具有安全稳定、低成本的特性。其中，较适用于大学生的银行贷款方式为抵押贷款、信用贷款、担保贷款。

①抵押贷款是指贷款者以一定物品作为保证向银行取得的贷款。贷款到期，贷款者必须如数归还，否则银行将处理其抵押品作为补偿。抵押品通常包括有价证券、股票、房地产等，但在众多的抵押品中，创业者更多采用的是房屋抵押贷款的方式。

②信用贷款是指银行仅凭对借款人资信的信任而发放的贷款，与抵押贷款相较而言，无需向银行提供任何物品抵押。

③担保贷款即以担保人的信用为担保而发放的贷款，担保人经由贷款人与银行双方认可，在担保贷款中，担保人承担连带责任。

（2）小额贷款。

创业过程中有时会急需小额资金进行周转，但不想通过抵押贷款等周期较长的方式进行融资，可以选择小额贷款来进行融资。小额贷款是指向低收入群体和微型企业提供的额度较小的持续信贷服务，可由正规金融机构及小额信贷机构提供，金额一般在1万元至20万元之间。

根据"大学生创业贷款优惠政策"（该政策每年的内容与数额会进行相应的更新），各个国有商业银行、股份制银行、城市商业银行和有条件的城市信用社为自主创业的高校毕业生提供小额贷款，并简化程序，提供开户和结算便利，贷款额度在2万元左右。贷款期限最长为2年，到期确定需延长的，可申请延期1次。贷款利息按照中国人民银行公布的贷款利率确定，担保最高限额为担保基金的5倍，期限与贷款期限相同。

2.国家政策扶持大学生自主创业

近年来，国家越来越重视大学生创业，在这一方面，各级政府出台了相关的优惠政策（见表 6-1）。例如：黑龙江省将高校毕业生和在校大学生全部纳入创业担保贷款政策扶持范围，高校毕业生创办小微企业，最高可申请 300 万元的创业担保贷款；海口市高校毕业生一次性创业补贴由 6000 元提升至 1 万元；等等。

表 6-1　部分大学生自主创业扶持政策内容

政策方向	内容
注册资金	大学毕业生在毕业后 2 年内自主创业，到创业实体所在地的工商部门办理营业执照，注册资金（本）在 50 万元以下的，允许分期到位，首期到位资金不低于注册资本的 10%（出资额不低于 3 万元），1 年内实缴注册资本追加到 50%以上，余款可在 3 年内分期到位
税收减免	大学毕业生新办咨询业、信息业、技术服务业的企业或经营单位，经税务部门批准，免征企业所得税 2 年；新办从事交通运输、邮电通信的企业或经营单位，经税务部门批准，第一年免征企业所得税，第二年减半征收企业所得税；新办从事公用事业、商业、物资业、对外贸易业、旅游业、物流业、仓储业、居民服务业、饮食业、教育文化事业、卫生事业的企业或经营单位，经税务部门批准，免征企业所得税 1 年
人才服务机构	政府人事行政部门所属的人才中介服务机构，免费为自主创业毕业生保管人事档案（包括代办社保、职称、档案工资等有关手续）2 年；提供免费查询人才、劳动力供求信息，免费发布招聘广告等服务；适当减免参加人才集市或人才劳务交流活动收费；优惠为创办企业的员工提供一次培训、测评服务
贷款扶持	商业银行、股份制银行、城市商业银行和有条件的城市信用社要为自主创业的毕业生提供小额贷款，并简化程序，提供开户和结算便利，贷款额度在 2 万元左右。贷款期限最长为 2 年，到期确定需延长的，可申请延期 1 次。贷款利息按照中国人民银行公布的贷款利率确定，担保最高限额为担保基金的 5 倍，期限与贷款期限相同

为响应国家提倡"大众创业、万众创新"的号召，各级政府陆续出台政策全面贯彻落实支持大学生就业创业。以下以广东省政策为例：

为深入贯彻落实《广东省就业工作领导小组关于印发〈2021 年广东省高校毕业生就业创业十大行动方案〉的通知》（粤就函〔2021〕1 号）要求，广州市就业领导小组印发《2021 年广州市高校毕业生就业创业专项活动方案》的通知，提出加大资金扶持创新创业力度。

对自主创业的高校毕业生，可发放最高 30 万元的创业担保贷款；对其中带动 5 人以上就业的，最高贷款额度可提高至 50 万元；对符合小微企业贷款条件的，最高贷款额度可达 500 万元；按规定落实财政贴息政策。对自主创业并正常经营 6 个月以上的高校毕业生，按规定落实 1 万元的一次性创业资助；租赁场地经营的，按规定落实每年 6000 元的租金补贴；带动就业的，按规定落实最高 3 万元的创业带动就业补贴。

3. 股权融资

股权融资是指企业的股东愿意让出部分企业所有权，通过企业增资的方式引进新的股东，同时使总股本增加的融资方式。股权融资所获得的资金，企业无须还本付息，但新股东将与老股东同样分享企业的赢利与增长。

融资是一个交易的过程，发生在投资人与融资者之间，两者是合作关系，其目的是合作共赢。股权融资，又分为直接股权融资与间接股权融资两种，在股权融资交易过程中，融入的是资金，交换的是公司的股权或股份。在了解这种融资方式之前，我们先理解有限责任公司与股份有限公司。

《中华人民共和国公司法》（以下简称"《公司法》"）中明确了有限责任公司与股份有限公司的概念："有限责任公司的股东以其认缴的出资额为限对公司承担责任；股份有限公司的股东以其认购的股份为限对公司承担责任。"

有限责任公司是指《中华人民共和国公司登记管理条例》规定登记注册，由五十个以下的股东出资设立，每个股东以其所认缴的出资额为限对公司承担有限责任，公司以其全部资产对公司债务承担全部责任的经济组织。由此可见，有限责任公司规模相对较小、私密性高、运营灵活，权益总额不做等额划分，股东人数少，股权通过认缴出资额比例表示。

《公司法》第五章规定："股份有限公司的资本划分为股份，每一股的金额相等。公司的股份采取股票的形式。股票是公司签发的证明股东所持股份的凭证。"股份有限公司即指公司资本为股份所组成的公司，股东以其认购的股份为限对公司承担责任，其运营规模较大、公众性强、制度与程序更严苛，可以通过发行股票融资，股东人数无限制，公司全部资本分为数额较小、每一股金额相等的股份，且每股价额相同。

在股权融资方式中，两类公司的原有股东或新股东所持有的股权、股份都会产生相应变化。《公司法》针对有限责任公司的股权转让及股份有限公司的股份发行与转让进行了规约，第三章规定："有限责任公司的股东之间可以相互转让其全部或者部分股权。股东向股东以外的人转让股权，应当经其他股东过半数同意。"也即公司稀释股东的股权，可以将其股权转让给他人以达到稀释目的。第五章规定："股东转让其股份，应当在依法设立的证券交易场所进行或者按照国务院规定的其他方式进行。"

在两种类型的公司中，融资后股东的股权、股份分配也有所不同（见表6-2）。

表6-2　有限责任公司与股份有限公司的融资计算

类型	有限责任公司	股份有限公司
股东持有	股权	股份
	股权=认缴出资额÷总注册资本	股份=股东持有股份数÷总股本
特点	规模小、私密性高 权益总额不做等额划分	规模大、公众性强 权益总额分为数额较小、每股金额相等的股份
举例	原公司A持有80%股份 B持有20%股份 天使轮出让10%股份 此时A+B=90% A持有80%×90%=72%股份 B持有20%×90%=18%股份	原公司总股本10万股 C持有8万股，D持有2万股 以每股1000元的价格融资到了1000万 投资人拥有1000万÷1000=1万股 总股本=10万+1万=11万 C此时占股8/11 D占股2/11

　　股权融资后的股权与股份的计算，也被称为股权稀释的一种方法。作为初创者来说，在公司通过融资不断发展的过程中，合理的股权融资能够实现股东和公司的双赢，但需要注意在融资的同时把握企业的控制权，否则股权分散，创始人会失去企业的主动权，往往会影响一个企业的决策效率。

　　（1）直接融资。

　　直接股权融资是资金供给方与资金需求方直接签署融资协议，达成股权投资关系，不经过任何金融中介机构，具体包括三类：天使投资、风险投资与私募股权投资。

　　①天使投资。

　　私人资本主要包括创业者或创业团队的个人资本，属于股东投入资金，或是从创业者的亲朋好友处筹集而来。几乎所有的创业者都在创业项目中投入了尽可能多的私人资金，但个人资金对于保持运营的初创企业而言远远不够，这时最合适的做法是寻找天使投资人。

　　天使投资是指具有一定资本实力的个人或机构对于初创阶段的、可见发展潜力的高风险项目的权益性投资。天使投资的前身就是创业者的亲朋好友，因为彼此之间的信任使得筹措资金的难度较小，而后逐渐演变成为投资公司。

　　天使投资的金额规模较小，天使投资人大多是投资行业的专家，具有丰富经验与独到眼光，如创业成功者、大型企业家、富豪，同时他们也十分理解创业者所面临的难处，愿意将资金投入到优质的项目与企业当中。当然，为了确保资金的安全，经过天使投资注入资金后将安排一位董事为企业的经营和管理提供指导性建议。链接到天使投资人的途径可能包括朋友推荐、网络平台搜寻、孵化平台接触等。

　　②风险投资。

　　一切具有高风险、高潜在收益的投资都为风险投资，是由专业投资者投入到新兴的、快速成长、有巨大市场潜力的企业中的一种与管理相结合的资本。

　　天使投资严格意义上来说也是风险投资的一种，但天使投资更聚焦于一些处于构思状态的项目或是小型的初创企业，风险投资倾向于创业期的中小型企业，其中多为高新技术企业。

风险投资的投资决策建立在高度专业化和程序化的基础之上,投资期在 3 年以上,风险投资公司将积极参与被投资企业的经营管理并为其提供增值服务。值得注意的是,风险投资公司的目的是为追求超额回报,当企业高度增值之后,风险投资人会通过上市、股份转让或清算方式撤出资本,这些方式就是风险投资的退出机制。

③私募股权投资。

私募股权投资是指对具有成熟商业模式的非上市企业进行的股权融资,在交易实施过程中同时考虑将来的退出机制。私募股权投资的对象是处于扩张期和成熟期的企业。

私募股权投资的周期一般为 3~5 年,私募股权投资机构热衷于投资有一定规模和稳定现金流的企业。这类融资一方面能够为企业带来雄厚的资金,另一方面可以为企业带来新的股东,他们会在企业的经营发展中扮演重要角色,为企业提供先进的管理理念、财务决策和发展战略建议。所以,吸引优质私募股权投资可以改善企业的股权架构、拓展企业的社会资源、提升企业的形象,同时还能得到后续跟进投资的关注,增强再融资能力。

（2）间接股权融资（上市融资）。

上市融资指的是将经营公司的全部资本等额划分,表现为股票形式,经批准后上市公开发行,由所有股民直接购买。简单来说,企业通过上市出售部分股权来换取大量发展资金,使得企业在短时间内可以筹集到巨额资金。

上市融资的优势主要体现在:广泛吸收社会资金,迅速扩大企业规模;受到公众的关注,提升企业知名度,扩大企业影响力;接受严格的监管,规范公司管理,同时增加企业的可信度,降低其他渠道的融资成本,更易于获得信贷融资。

上市融资通常要经历四个步骤,如图 6-1 所示。

选择恰当时机 ⇨ 找到合适地点 ⇨ 采用正确方式 ⇨ 选择合理价格

图 6-1　上市融资步骤

①选择在股市热且市场氛围较好、企业估值最高时进行融资;

②确定境内或是境外融资;

③选择首次公开募股上市或是借壳上市;

④尽量以最低的利润取得最多的钱，其中包括明白首次公开募股的定价规
则：企业价值=企业净利润×私募股权投资，并通过包装提高价格。

企业的每个阶段对应着不同的股权融资方式，企业需根据阶段与自身需求决
定所需融资资金，从而选择对应的融资方式，将融得资金尽快投入到企业运作当
中（见表6-3）。

表6-3　企业的不同融资阶段

融资阶段	特点	资金来源	资金规模	资金用途
种子期	企业规划未成熟 团队构建未完成	亲朋好友； 天使投资	二十万 以下	招募团队 细化分工
启动期	项目规划较明确 形成早期团队框架	有经济实力的 亲朋好友； 天使投资	几十万 不等	产品研发及 软硬件配备
前期融资	企业初步形成 未形成主营业务或 有非持续性收入	小型风投； 较有规模的天 使投资	几十万 至百万	开拓市场渠道 改进产品性能
后期融资	盈利性项目增多 企业发展迅速	中型风投； 小型私募基金	百万 至千万	扩充资产和产能
上市前融 资	临近上市前的最后 一次融资	大型风投； 私募基金	千万 至上亿	增强企业资金流 动性

4. 众筹融资

众筹由筹款发起人、筹款平台、投资者构成，其模式具有低门槛、低成本、
多样性、创意性、大众性等特点，尽可能多地让大众了解并支持发起人的项目。
目前众筹多用于灾害重建、艺术创作、技术发明、竞选活动等，而大学生众筹主
要集中在餐饮、文创、互联网+之类的行业领域，所需资金金额不大，但资金周
转周期快、融资周期短，是较为适合艺术类大学生小型艺术创作项目的融资类型，
在基本不限制人数的情况下，能在为项目筹集资金的同时拓宽知名度（见表6-4）。

表6-4 众筹融资的四种类型

众筹类型	特点	模式
回报型	筹资者给予投资者一定回报,如产品、周边等	以大学生创作的艺术剧目为例,发起人将众筹信息发布到众筹平台,列明投资一定数额将给予投资者演出门票或剧目周边物品作为回报,当众筹成功,投资者就能获得相应物品
股权型	筹资者提供股票或参股形式给投资者	筹资者将筹建项目或企业的计划发布到众筹平台召集投资者,一旦众筹成功,投资者有权控股或成为企业股东,享受项目或企业的分红和盈利
债务型	筹资者以借贷的形式,通过利息回报的方式募资	筹资者将项目或企业发布到众筹平台募资,当项目或企业盈利时,筹资者需退还本金给投资者,同时根据约定时间与利息率给予相应数额资金;若项目亏损,同样扣除相应款项,风险共担
募捐型	无回报	这是一种非营利性的众筹模式,通常以募捐形式提供资金帮助需要帮助的人,不要求回报

5. 创业大赛——奖励资金

2014年,在夏季达沃斯论坛开幕式上国务院总理李克强提出"大众创业、万众创新",2015年国务院办公厅颁发了《关于深化高等学校创新创业教育改革的实施意见》,全国各地掀起了创新创业的浪潮,陆续出台政策扶持大学生创新创业,涌现了大量的创客空间、创业孵化基地、创新创业产业园。同时,一系列创新创业大赛应运而生。

(1)中国国际"互联网+"大学生创新创业大赛。

2015年10月21日,首届中国国际"互联网+"大学生创新创业大赛在国务院总理李克强提议下成功举办,至今已举办六届,累计吸引947万名大学生、230万个大学生团队参赛,成为覆盖全国所有高校、面向全体大学生、影响最为深远的高校双创盛会。比赛获奖项目将被提供投融资对接、落地孵化等服务,奖金方面以第七届大赛为例,高教主赛道设立金银铜奖共计250名,奖金分别为6000元、

3000元、2000元。

（2）"赢在广州" 大学生创新创业大赛。

由广州市人社局举办的"赢在广州" 暨粤港澳大湾区大学生创新创业大赛2021年进行至第十届，获得优胜奖（含）以上的项目，给予一等奖20万元、二等奖15万元、三等奖10万元、优胜奖5万元的一次性资金扶持，名额近50位。于获奖之日起2年内在本市领取营业执照或其他法定注册登记手续的创业项目可申领优秀创业项目资助，补贴标准等同获奖资金扶持数额。

（3）青蓝国际创新创业大赛。

由广州市番禺区委组织部、番禺区科工商信局等单位主办的"青蓝国际创新创业大赛"，致力于扶持大学生创新创业项目以及高新科技企业，在赛事中设置冠亚季军各1名，奖金分别为50万元、40万元、30万元，奖励还包括一等奖20万元、二等奖15万元、三等奖10万元、优胜奖5万元，名额近130位。

可见，各级赛事正在不断涌现，为推进大众创业、万众创新，引领创新创业教育国际交流合作，加快培养创新创业人才，促进创新驱动创业、创业引领就业发挥了重要作用。尽管如此，赛事设置的奖项数量与奖励资金规模都较为有限。作为连接政府资源、商业资源、社会资源的平台，大部分的参赛群体力求通过参加相关创新创业大赛促进团队综合素质的提升，达到不断打磨项目、优化产品细节、连接资源平台的目的，在获取奖金的同时获得多方位的社会资源与融资机会。

（五）融资的策划和步骤

从企业产生融资的想法开始，融资过程包括投递项目至投资人手中，进行审核、调查、筛选等一系列程序，才有可能拿到资金，创业者必须了解融资策划的每一个步骤及流程，从而做好万全之策。

创业融资基本包括五个步骤，如图6-2所示。即撰写商业策划书、靠近投资人、开展项目路演、与投资人单独约谈以及进一步谈判确定交易价格。

初审：融资者向投资方提出创业申请，包括创业种类、资金规划、财务预估、行销策略、风险评估

⬇

进一步审核：如果投资方认可该项目，创业者将提供完整的商业企划书

⬇

尽职调查：投资方与融资者以合同的形式锁定融资事宜，开展相关尽职调查工作，在此期间融资者不得与其他投资方讨论融资事宜。

⬇

价格谈判：涉及企业估值及融资金额

⬇

签订合同：确定投资方式、条件、条款，明确出资额及股份，企业组织结构及双方职务，对投资方的控制与保护

⬇

融资成功

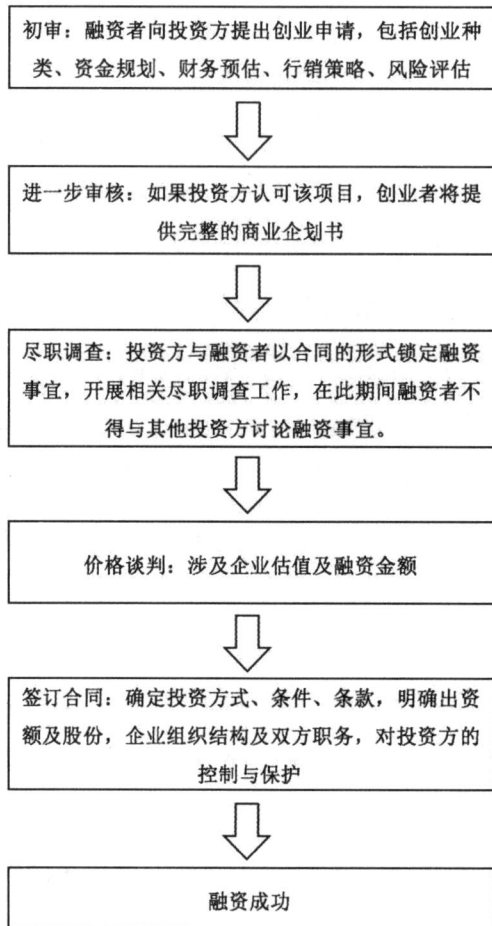

图 6-2　融资步骤

（六）融资过程中的注意事项

1. 信誉

一个企业能否得到投资人的青睐和银行的支持不仅仅在于项目是否可行，还在于企业的种种可信度，创始人和团队的信用度和企业的信用等级，最基本的是创业团队的成员应注意自己的个人征信问题。

2. 融资渠道可靠

融资时，最基本的环节是调查投资机构，不少投资机构的相关信息可以在网上查询到，虽然其工商局登记手续完备，但依然存在诈骗风险。渠道是否可靠是十分有必要一再确认的，大学生创业时易于轻信网络上的融资渠道，落入圈套后不可避免地造成无法挽回的损失。

3.融资规模合适

上文提到了股权融资的概念,创业者在融资过程中,如果股权都在自身手中,可获取的融资金额较少,融资也相对困难;一旦将股权分散交至投资方,如果股权比例失衡,极有可能失去自身对于企业的控制权。对于持股比例的分析,已在本书的第三章阐述。

所以,创业者必须时刻关注股权结构比重,防止股份流失或是恶意收购现象。在投资前,投资双方可以签订协议,确保敌意收购时不将手中股权转让,或是通过签订防稀释条款保障自身的利益。

4.融资利息合适

融资利息是指融资者借入借贷方的资金进行投资,而借贷方根据利率收取借贷金额的相应利息,这利息就叫融资利息,借款到期日融资者需要归还的是本金与利息之和。

2020年8月20日最高人民法院发布新修订的最高人民法院《关于审理民间借贷案件适用法律若干问题的规定》,明确了民间借贷利率的司法保护上限为15.4%。融资者在确认融资渠道可靠的同时,应确保融资利率处于可承受范围之内,双方的合同、程序都是合法合规的。

5.融资时机准确

投融资是一个双向选择的过程,投资人既聚焦于企业所产生的效益,通过商业企划书清楚企业的理念、产品、商业模式、财务状况等等,同时也能通过融资的时机与谋划,判断一个创业者的全局观。若过早融资,将会分散企业的股权,企业决策将会受到投资人的影响;若融资时间过晚,容易造成资金链断裂,影响企业的正常运转,严重时直接危及企业的存亡。

融资不是雪中送炭,融资永远是锦上添花,尽可能多地接触投资人,并在合适的时机谋划融资,可为自身提高议价空间,更是给企业与投资人充足的考量时间。

6.严格操作规程、规避协议陷阱

在融资过程中,尽管投融资双方是平等的,但相比之下融资方难免处于较为劣势的地位。在投资人的投资生涯中,参投的项目不断增加,从中参悟的经验使得他们有着巨大的优势，而创业者的融资次数则是少之又少。对于创业者来说，尤其是大学生创业者，在融资方面的经验不足，为了拿到资金常常会签订"不平等条约"。

融资时，为了防止单方面受制于人，咨询融资服务机构、聘请财务专家与法律顾问是必要的，切忌为省融资成本而不为，万一不小心掉入投资方的协议陷阱当中，将会因小失大。

三、案例分析

（一）成功案例——乌镇

1993年，熊晓鸽与上海科学技术委员会达成合作，共同出资2000万美元（各1000万美元）成立了中国第一家合资技术风险公司——IDG技术创业投资基金。IDG多年来重点关注互联网与高科技、新型消费与服务、文化旅游等领域，中国互联网代表企业基本都有IDG资本的加持，足以见得其眼光独到。截至2017年，IDG已在中国投资了500多家企业，其中有超过120家企业在中国及海外市场上市或实现并购，如百度、暴风科技、小米、美团、bilibili、爱奇艺、拼多多等，给中国市场经济带来了无穷潜力，同时IDG资本也发展成了中国最知名、规模最大、经验最丰富的风投基金之一。

1999年，桐乡市政府成立"乌镇古镇保护与旅游开发管理委员会"（以下简称"乌旅开发"）；同年由市政府牵头，由市财政局、建设局、国土局等13个部门共同出资1300万元，组建"乌镇旅游开发有限公司"，主导乌镇的保护与开发；此后在政府的不断引领之下，外资不断注入，乌镇的建设得到了飞速的发展。

2006年，"乌旅开发"与旅游运营商"中青旅股份控股有限公司"实施战略合作。2009年，IDG负责人熊晓鸽以4412万人民币入股"乌旅开发"，占其15%的股份，4年后以4.14亿的价格将股份转给了中青旅控股股份有限公司。4年800%的收益率，年均收益200%。在当时，这样的数据震撼了资本市场。

乌镇为何能得到风投的青睐？

1.地理位置优越。乌镇地处江浙沪金三角之地，距杭州、苏州、上海仅有1小时左右车程，区位交通便利。

2. 人文气息浓厚。乌镇是典型的江南地区汉族水乡古镇，有"鱼米之乡，丝绸之府"之称，具有历史悠久的传统文化，如茅盾故居、木心美术馆，以及石栏拱桥、河埠廊坊等古镇建筑。

3. "减法"修葺。乌镇在景区开发和推广过程中，特别注重围绕当地的历史、人文、民俗等文化元素开展保护性开发，做到以点覆盖面，拆除新建筑、还原老建筑，整个乌镇没有一处地方是与古镇的景色格格不入的。

4. 运作模式巧妙。乌镇运作模式巧妙地将"吃、住、行、游、购、娱"六个要素融为一体，既有绿色生态体验——手摇船摆渡进镇，也有现代化停车坪、全面覆盖的 Wi-Fi 网络。东西栅分别定为观光型景区、度假型景区，根据受众人群打造具有文化品位的小镇生活，改变现代都市人群的生活方式。

除了自身优势之外，乌镇旅游股份有限公司总裁陈向宏作为"乌镇旅游的总设计师"，他的超前理念以及对小镇规划、内容运营与客群定位极深的研究与洞察，使乌镇得天独厚的条件和心思巧妙的运营模式融合在了一起，赋予旅游小镇以文化这一步做得恰到好处，成就了"一样的古镇，不一样的乌镇"。这一口号使得乌镇品牌难以复制，也使得它得到了诸多大风投的青睐。

2013 年，乌镇开始扩大品牌的文化内涵，将文化产业运营与旅游运营相结合，乌镇大剧院这一文化地标建筑对外开放，从当年至今举办至第八届的乌镇戏剧节，已然跻身国际五大戏剧节之中。2014 年开始，乌镇打造永不落幕的互联网大会，成为世界互联网大会永久会址，每年各界名人齐聚，文化旅游收益长虹。

（二）失败案例——P 互娱公司

近年，电商直播行业自兴起以来一直保持稳步增长。2016 年，商务部等三部门联合发布《电子商务"十三五"发展规划》，明确提出积极鼓励社交网络电子商务模式，鼓励和规范社交网络营销创新。2020 年，国家发展改革委等 13 部门联合发布《关于支持新业态新模式健康发展激活 消费市场带动扩大就业的意见》，明确支持微商电商、网络直播等多样化的自主就业、分时就业。这些相关政策作为国家促进直播电商持续、快速、健康发展的重要手段，引导越来越多的用户从事直播行业，为其发展提供了相对宽松的政策软环境。

"P 直播"于 2015 年正式上线，主打游戏直播，商业模式是通过平台直播带来的用户流量进行快速变现，包括用户打赏和广告收入。通过 W 的"烧钱式"打造，包括举办多项大型活动，在直播间豪掷百万打赏，集合 W 娱乐圈和电竞圈多位好友的影响力，"P 直播"趁热打铁，一举签下数名自带千万级别流量的主播。

2016 年，W 从互联网大企业中引入了包含技术、市场、运营一体的团队，但一年期满后团队离开"P 直播"。从直播平台的运营来看，上线一年后核心团队的离开给平台运营增加了难度。

资金链是保障多数直播平台可持续发展的重要因素，多数平台都因为资金链的断裂而退出市场。"P 直播"上线不足一年获得 6.5 亿元人民币 A 轮融资，8 个月后再次获得由 X 资本领投的 10 亿元人民币 B 轮融资，此时估值达到 30.5 亿元。而后的两年中"P 直播"处于融资困难阶段，没有资金持续投入，融资节奏失控，便陷入了资金链断裂的困境，甚至进入了实际破产清算阶段。

2019 年 12 月 26 日，"P 互娱"纠纷处理结果公布，某投资实控人为"P 互娱"投资者提供了连带担保，导致公司债务牵涉到个人。经过几十轮谈判，某投资与数十位投资人全部达成协议，所有投资人都会得到赔偿，"P 互娱"近 20 亿投资损失将全部由 W 投资及实控人自己承担（见表 6-5）。

表 6-5 "P 直播"股权架构

投资人	投资资金	投资估值	持股比例
W	/	/	40.07%
X 资本等	10 亿元人民币	30.5 亿元人民币	32.77%
Q+Y	6.5 亿元人民币	24 亿元人民币	25.80%
其他	/	/	1.36%

根据股权数据显示，W 实控持股 40.07%，X 资本等 7 家机构持股测算约为 32.77%，Q 与 Y 分别持股 19.35%、6.45%。在 B 轮融资完成时，"P 互娱"股权结构呈现出"三足鼎立"之势，且 X 资本领投的财团一旦结盟成为第二股东，W 的实际控制权便岌岌可危。

由此可见，过于"平均"的股权架构，对于企业的决策十分不利，而这样的结构也很难再吸引众多社会资本的眼光。

小　结

　　本章节讲述的是创业融资的定义及相关内容，主要包括创业过程中涉及的资源、融资的意义及途径、融资过程中的注意事项这三个方面。

　　创业资源是创业者在创业构想初期应当考虑的因素，在众多资源中，找到自身的核心竞争力，保持已有资源，发掘稀缺的必要性资源，加以整合成自身的创业优势，形成一定程度上的竞争壁垒。随后，通过了解融资的意义，学习可以获取融资的渠道和方式。融资渠道主要包括借贷、国家政策扶持资金、股权融资、众筹融资、比赛奖励资金五大方式，创业者可以通过考量企业的类型、阶段、所需金额，来确定所需的融资数额和适合的融资渠道。

　　在融资过程中，创业者需要注意积累自身的信誉，找到可靠的融资渠道，使融资规模与企业成长速度和所需资金相匹配，确保融资利息在可接受范围内以及把控准确的融资时机，从而将融资时可能遇到的问题与风险降到最低。

　　在章节最后，通过分析 IDG 风投乌镇的案例了解到，该项目具有得天独厚的地理条件、可持续性的商业化运营模式、集人文氛围与社会效益于一体的诸多条件，得以受到大风投机构的青睐。通过"P 互娱"这一案例了解到，为确保企业的稳定发展，创业者应该对融资规模与股权分配问题有长期的规划和清晰的认识，否则在资金不够支撑运转与股权架构失衡同时出现时，将会产生无法挽回的结果。

章节思考

　　1. 如果你和你的好朋友一起创业，你会如何分配股权？为什么？

　　2. 如果你作为融资者，在融资过程中需要注意哪些事项？

第七章　创业风险

一、创业故事：创业风险时刻存在

《2012年中国团购市场统计报告》显示，通过对国内十多家主流团购网站的连续监测显示，2012年总成交额达213.9亿元，团购用户规模4.56亿人次，较2011年增长45%，团购品类集中在美食、休闲、娱乐、生活等业务上。

团购交易额创下历史新高这一强劲的市场需求证明，团购将会成为未来的一大趋势。但作为一种新兴的购物方式，短时间内迅速增长的团购网站，在发展过程中会遇到不少潜在风险，如管理、供应链、产品质量等。随着大型团购网站的实力不断增强及其商业地位逐渐巩固，中小型团购网站在价格、资金链、技术人才等方面的更新迭代面临巨大风险，易造成生存空间逐步被压缩从而触发企业危机的情况。其行业淘汰率非常高，团购企业面临的环境也十分残酷。同时，行业的市场波动也会影响到每一个团购企业。某大型团购网站CEO在谈及团购网站的风险管理时说道，"虽然团购网站的市场份额在持续扩大，但是创业者一定要学会预判风险，确定风险可控，提前做好应对风险的准备。"

《人民日报》2021年9月8日发表的文章《市场主体年均净增长超1000万户》指出，我国市场主体总量从2012年5500万户增长到今年7月底的1.46亿户，年均净增长超1000万户。2021年上半年，全国共154.62万户企业由于各种原因不得不注销并退出市场，但是由于商事制度改革取得积极成效，再加上我国经济快速发展的驱动力，全国市场主体总量快速增加，市场主体活跃度大概在70%。因为商事制度改革后，企业开办服务流程得到大幅度优化，有效缩短企业开办的时间，减少了部分手续，使得企业开办时间由之前平均22.9天压缩到4

个工作日以内。只要有合适的业务和市场机会，在符合法律规定的情况下，开办企业的过程逐渐精简，为创业者提供了便利。

新设企业与注销企业的比例在商事制度改革初期是 4∶1，商事制度改革后，原有比例调整为 2∶1。这一数据从侧面表明，市场主体更新速度在加快，一些经营不善的企业退出了市场，一些有发展的新兴企业加入市场竞争中来。从整个社会资源配置来看是好事，但创新创业的风险仍时刻存在，且随着竞争的加剧，创业风险也在不断提高。作为一名合格的创业者，要时刻绷紧"创业风险"这根弦。

二、创业理论

（一）创业的风险

1.创业风险的由来

创业过程不易，一个公司从初创到成熟，创业者和团队需要经过很多艰难险阻；从公司成立到设计出产品雏形，再从生产到消费的完成，这当中需要经过很多的步骤和环节。就算创业团队能够将自身的优势发挥到极致，也难免会受到各种各样的变化干扰，从而影响到创业者的创新和创业活动。

学者 Rosenbloom.J.S 将风险定义为损失的不确定性；也有学者将风险定义为不利事件或事件集发生的机会；《管理学大辞典》指出，创业风险是来自与创业活动有关因素的不确定性。在创业过程中，创业者不仅需要投入足够的人力、物力和财力，还要发挥创业者的聪明才智，引入和采用各种生产要素与市场资源，要建立或对现有的组织结构、管理体制、业务流程、工作方法进行变革。创业活动是一个相对复杂的活动，在这个过程中必然会遇到各种意想不到的情况和困难，从而使结果偏离创业的预期目标。创业风险可能来自外部环境因素，也可能来源于企业内部因素，更多为内外部因素叠加后产生的复合因素，创业风险的表现形式多种多样。由于客观世界的复杂性和人类认知能力的有限性——尤其对创新型的创业项目而言，如果规划和设计前期没有进行市场调研，将会存在较大的创业风险。所以创业者应该做长远规划，未雨绸缪，为风险的发生早做准备，才能将造成的损失降到最低。

2.创业风险因素

创业风险因素包含很多内容，如市场风险、政策风险、团队风险、财务风险、项目风险、合同风险、战略风险、技术演进风险、产业链变革风险、管理风险等。这些创业的风险因素属于比较常见的类型。在实际创业过程中，面临的风险因素会因时因地而异，创业者需要及时了解创业风险因素，并对其进行必要的分析。对创业风险进行判断时，一种比较常用的分析方法是层次分析法。

3. 大学生创业项目选择风险

大学生由于社会经验不足，对社会的需求把握不够精准，不能有效地区分创业项目和其他项目。在最初选择项目时，可能会因该项目无法盈利或者无法适应市场而被淘汰。但随着社会的发展，新的机会越来越多，可选择创业的项目往往不止一个。这个时候大学生创业者需要对创业项目进行尽可能全面的分析，并对即将创业的项目进行选择，选定后不能轻易更改。在调整创业项目的过程中，创业者有限的资源也在不断消耗，这对创业团队是非常大的考验。虽然一个创业项目的失败可能涉及多方原因，如资金链断裂、团队矛盾、竞争对手的竞争策略、市场的突然变化等。但影响创业项目成败的关键，往往是创业项目的选择。一个好的创业项目，从启动开始，就意味着其代表着市场发展趋势，代表着消费群体迁移的趋势。

大学生在进行创业项目选择时，应当区分创业项目和科研项目。创业项目以盈利为目标导向，不能单纯按照科研项目的模式来运作，否则可能会导致创业项目的失败。还应当区分创业项目和社会实践项目。大学生在校期间，往往会参加一些社会活动。这些活动对于大学生了解社会、提升能力有着积极的意义，但这些社会实践项目多为公益性的、非营利性的，并不适合直接作为创业项目来运营。

根据《创业投资项目风险管理研究》，结合笔者的经验，总结出创业项目的以下特点：

多为中小型项目，初始投入不大，主要集中在高新技术领域；项目在发展过程中蕴含着高风险，面临更多的不确定性；项目风险可能来自技术、市场、管理、资金、政策等方面，需做好全面的考虑；项目一旦成功可收获多倍收益。

4. 创业团队的风险

《管理学大辞典》对创业团队的定义：为进行创业而形成的集体。它使各成员联合起来，在行为上产生彼此影响的交互作用、在心理上意识到其他成员的存在及彼此相互归属的感受和工作精神。随着现代商业竞争的加剧，"个体创业"模式由于易受到个体局限性，为了有效提高创业的成功概率，组建合适的创业团队能够弥补"个体创业"的弱点，同时使得团队整体的力量更加强大。但是，采用组建团队的形式进行创业，也会面临一些新的风险。如团队成员之间的能力出现差距，创业团队容易出现利益冲突、目标冲突、价值冲突等，也可能从另一个维度造成新的风险发生。所以，团队创业的风险问题不容忽视。

5. 创业的财务风险

《中国会计百科全书》对财务风险的定义为：企业使用负债经营或考虑投资中的资金来源有负债前提下企业未来财务成果的不确定性，它是负债经营以后企业所负担的额外风险。财务风险的形成、出现、爆发，往往不是单一因素造成的，而是由众多因素共同作用产生。但它的表现形式往往十分直接，会使公司面临现金流、融资金额等问题。学者王庆认为，创业的财务风险是指创业企业由于投资、经营和财务活动所引起的筹资困难、丧失偿债能力、陷入财务危机及资金链断裂的可能性。在创业初期，现金流往往是决定创业活动能否持续的"生命线"。创业过程中财务容易存在的问题：

（1）股权分配不清晰。股权主要指股东通过拥有公司股份而拥有的一些权利，比如分红的权利及对新股的认购权利。创业初期如果没有明确的股权分配机制、没有明确股权和创业决策的关系、没有一个合理且相对完善的股权分配制度，随着创业活动的持续推进，矛盾也会随之产生，在激烈的市场竞争中会严重削弱初创企业的活力。

（2）对公账户与个人账户混用。对公账户主要指以公司名义开立的结算账户。个人账户是以个人名义开设的账号，属于私人商品的范畴。大学生创业初期，有不少创业团队并未进行工商注册，只是以小工作室的形式运营，财务上也未开设对公账户，创业的收入转入某个人的银行账户。由于创业初期未制定完善的财务制度，团队中也没有专职的财务人员，导致公司账目出现公私不分，个人银行账户收支钱款与公司收支金额难以对应的情况。

6. 创业的政策风险

政策风险指由于政策、法律等变化而给创业企业带来相关的风险。对于大学生创业，国家和行业目前整体环境是鼓励的，也是相对宽松的，并出台了不少鼓励大学生创业的政策。国务院办公厅发布的《国务院办公厅关于进一步支持大学生创新创业的指导意见》指出，"持续提升企业开办服务能力，为大学生创业提供高效便捷的登记服务。推动众创空间、孵化器、加速器、产业园全链条发展，鼓励各类孵化器面向大学生创新创业团队开放一定比例的免费孵化空间，并将开放情况纳入国家级科技企业孵化器考核评价，降低大学生创新创业团队入驻条件。政府投资开发的孵化器等创业载体应安排 30% 左右的场地，免费提供给高校毕业生"。这些都从政策层面上支持大学生创新创业。但是，由于大学生缺乏丰富的社会经验，对政策的解读和未来的趋势没有更深的预判，也缺乏应对政策变化的快速反应的能力，很可能会出现误踩禁区的情况，导致创业活动出现风险。

例如，某大学生在校期间，为赚零花钱在校外培训机构做兼职，为中小学生进行课程辅导，大学毕业后充分利用自己做兼职期间积累的学生，开办了自己的校外培训机构。2021 年教育部文件《关于进一步减轻义务教育阶段学生作业负担和校外培训负担的意见》规定，"坚持从严治理，全面规范校外培训行为"。受到政策影响，该大学生的校外培训创业活动需要转型，以寻找新的市场。所以创业者应该时刻关注政策的变化，尽早对未来市场预判，及时做好风险应对。

7. 创业的合同风险

《小企业内部控制规范（试行）》第十条：小企业应当恰当识别与控制目标相关的内外部风险，如合规性风险、资金资产安全风险、信息安全风险、合同风险等。合同风险需要引起创业者的注意。合同风险是指创业者在创业经营活动过程中，出现违反合同的风险。

目前我国高校的创新创业教育中，存在对创新创业法律风险教育重视不足的现象。在高校中，往往对构建完备的创业教育体系不够重视，对这部分的教育容易被忽略。高校的创新创业教育很多时候是从专业的角度、经营技巧及投资技巧的角度对学生授课。由于法律风险往往不在创业最初阶段出现，因此容易被忽视。另外，创业法律风险教育的相应师资也多由辅导员或学生工作部（处）工作人员兼任，极少有法律专业人员参与，创业法律风险的教育容易与创业实践脱节，难以形成有力的法律风险防控屏障。

创业实体运行过程中涉及的合同风险十分复杂，因为创业活动本身具有多面性，且相关的法律法规也非常多。不仅涉及经营组织内部治理法律问题，还牵涉订单合同、供应合同、税收、银行票据、竞争关系、产品质量和产品使用范围、商标和专利侵权等问题。

大学生创业首先要熟悉法律规定的相关细则，能对环境变化做出有效应对。如果为了追求订单仅凭经验和感觉签订合同，容易落入商战合同陷阱，而使创业活动遭受损失，并可能承担法律后果的可能性。

8. 创业的版权侵权风险

版权是什么？《中华人民共和国著作权法》第六十二条：本法所称的著作权即版权。音乐版权一般指音乐著作权，是音乐作品创作者对其创作的音乐作品依法享有的权利，主要包括音乐作品的表演权、复制权、广播权、网络传输权等财产权利和署名权、保护作品完整权等精神权利。国家重视知识产权保护，音乐版权方面的法律法规也逐步完善，有助于鼓励更多的创作者专心投入创作，生产出更优质的音乐作品。从音乐行业发展的角度来看，保护音乐版权有助于整个行业的健康生态和长远发展。

音乐类大学生创业，不少创业项目都与音乐相关，既能充分发挥专业优势，将大学学到的专业知识运用到创业活动中；又能从更专业的角度理解音乐行业，在创业活动中不断积累音乐行业的知识、人脉、项目等资源。同时，版权也是音乐类创业的重要利润来源，要学会合理使用法律来维护版权利益。在创业的法律风险方面遇到版权的问题时，如果对法律条文不熟悉或没有事先防范，很容易产生侵权风险。

有几个误区需要注意：

（1）在网上支付一定金额后购买的音乐，下载到存储器上，可用于自己的公司运营吗？

个人在网上买的是音乐的使用权，即个人权利，不可以在商业环境中使用。除非是在专门的商业平台上购买，在平台上都会有相关的服务条款，创业者应该仔细阅读购买条款细则。如果把下载的音乐直接用于商业活动，很可能产生侵权行为。

（2）超过 100 年时间的音乐，是不是没有版权保护？

对于这个问题，需要分情况来区别对待。如创业者自己演奏贝多芬的钢琴曲是可以的。但是，如果创业者使用某乐团录制的贝多芬音乐的音频，会涉及版权侵权的风险，因为此录像版权属于某乐团，未经授权贸然使用属于侵权。

（3）商业上使用了别人创作的音乐一定侵权吗？

这个问题值得创业公司认真对待。在音乐类企业实际经营中，经常涉及需要使用他人音乐的情况，如果是用于商业活动，即便使用了很小的一个音乐片段，也可能存在侵权的风险。但法律上也有相应的不构成侵权的法律条款，创业公司可以根据规定，合理合法地使用。例如，在一些评论类节目或者介绍类节目中，会播放音乐片段，而后进行点评或者介绍，这属于合理使用。至于播放多少内容和时间才算侵权，法律上没有明确的描述。

（4）《中华人民共和国著作权法》部分内容。

《中华人民共和国著作权法》（2020 年修正）第二十四条 在下列情况下使用作品，可以不经著作权人许可，不向其支付报酬，但应当指明作者姓名或者名称、作品名称，并且不得影响该作品的正常使用，也不得不合理地损害著作权人的合法权益：

①为个人学习、研究或者欣赏，使用他人已经发表的作品；

②为介绍、评论某一作品或者说明某一问题，在作品中适当引用他人已经发表的作品；

③为报道时事新闻，在报纸、期刊、广播电台、电视台等媒体中不可避免地再现或者引用已经发表的作品；

④报纸、期刊、广播电台、电视台等媒体刊登或者播放其他报纸、期刊、广播电台、电视台等媒体已经发表的关于政治、经济、宗教问题的时事性文章，但著作权人声明不许刊登、播放的除外；

⑤报纸、期刊、广播电台、电视台等媒体刊登或者播放在公众集会上发表的讲话，但作者声明不许刊登、播放的除外；

⑥为学校课堂教学或者科学研究，翻译、改编、汇编、播放或者少量复制已经发表的作品，供教学或者科研人员使用，但不得出版发行；

⑦国家机关为执行公务在合理范围内使用已经发表的作品；

⑧图书馆、档案馆、纪念馆、博物馆、美术馆等为陈列或者保存版本的需要，复制本馆收藏的作品；

⑨免费表演已经发表的作品，该表演未向公众收取费用，也未向表演者支付报酬，且不以营利为目的；

⑩对设置或者陈列在室外公共场所的艺术作品进行临摹、绘画、摄影、录像；

⑪将中国公民、法人或者非法人组织已经发表的以国家通用语言文字创作的作品翻译成少数民族语言文字作品在国内出版发行；

⑫以阅读障碍者能够感知的无障碍方式向其提供已经发表的作品；

⑬法律、行政法规规定的其他情形。

（二）大学生创业风险的防范

风险防范指有目的、有意识地通过计划、组织、控制等活动来阻止风险损失的发生，削弱损失发生的影响程度，以获取最大利益。随着我国经济的快速发展，国际地位的逐步提升，我国涌现出大量创新创业的机会，很多创业公司应运而生。在这些公司的创业者中，大学生创业者非常值得关注。大学生作为高校毕业生或在校生，接受过高等教育，知识比较丰富，能够站在更高、更新的角度把握事物发展方向。同时，他们还有着强烈的创新意识，会对目前已存在的传统行业的某些环节进行升级改造，从而积极推动传统产业的创新发展，推动社会进步。

虽然大学生创新创业相对其他创新创业的群体有着自己的优势，但同时大学生群体也存在自身劣势，可能会导致创新创业风险的发生。不少大学生创业者缺乏创新创业知识，如创业风险、市场经验和资源整合能力不足，业务管理、抗挫折、抗风险等能力匮乏，对于激烈的创业环境适应程度不够。这些都容易导致大学生创业者原有创新创业激情被残酷现实所打败。因此，应加强大学生创业风险防范的相关教育并尽可能地提供对应的解决方式。

（三）音乐类大学生创新创业风险的防范

本文所指的音乐类大学生主要指大学期间就读专业为音乐相关专业的学生。随着创新创业热潮的兴起，音乐类大学生也积极投入到这股浪潮中。针对音乐类大学生的特点，在创新创业风险防范方面，提出以下建议：

1.深入了解自己

《孙子兵法·谋攻篇》："知彼知己，百战不殆。不知彼而知己，一胜一负；不知彼不知己，每战必殆。"创业如行军打仗，如果想要获得生存和发展，除了解市场、了解竞争对手外，还要了解自己，更好地加强并发挥自身优势，才能立于不败之地。

在音乐类专业院校就读的大学生，其所学专业有着明显的音乐专业特色，也因此音乐类专业的大学生升学途径和大部分综合类院校有所差异。从近几年音乐类专业高考来看，各地考生的专业水平差距很大，良莠不齐，不乏应试型考生。这类学生系统学习音乐的时间较短，大约在半年至两年。无论是在器乐演奏上，还是在声乐表演上，他们只掌握了一两首曲子，并进行突击式的练习；完成入学考试后，掌握的专业技术不够系统化，入学后很难以考试时的选曲水平继续往下学习。音乐类专业学生在入学考试时的考查科目为：器乐演奏、声乐作品演唱、理论考试（包括视唱练耳、乐理），文化课的录取分数线要低于一般本科线。在《关于公布广东省2021年普通高校招生录取最低分数线的通知》中，可看到下表7-1所示的内容：

表7-1　《关于公布广东省2021年普通高校招生录取最低分数线的通知》部分内容

本科院校（含执行本批次最低分数线的提前批非军检本科院校）

本科各科类

普通类（历史）：总分 448 分

普通类（物理）：总分 432 分

体育类：文化科总分 347 分，体育术科 195 分

美术类：文化科总分 325 分，美术术科 200 分

音乐类（含音乐学、音乐表演-声乐、音乐表演-器乐）：文化科总分 325 分，音乐术科 185 分

舞蹈类：文化科总分 260 分，舞蹈术科 178 分

广播电视编导类：文化科总分 405 分，广播电视编导术科 193 分

书法类：文化科总分 325 分，书法术科 205 分

艺术类校考：文化科总分 260 分

从表中的录取最低分数线可以看出，音乐类文化科总分为325分，整体低于普通类学科总分。另外，音乐类学生还有一门考试科目为音乐术科，充分说明了音乐类学生和普通类学生之间学习内容存在一定差异。回到我们创新创业风险的范畴中说，对风险的认知是一个系统性、综合性的过程，需要全面的知识积累和逻辑判断。在创新创业教育这部分，需要根据学生的类型因材施教，才能收获更好的教育效果。

2.创新创业思维和创新创业行为模式的修炼

思维是事物的一般属性和事物内在联系在人脑中间接、概括的反映。思维的基本形式包括概念、判断和推理等过程。行为模式是指行为的类型、方式或规定性，是人们在一定社会形态中的行为领域内应该遵循、得到公认的规范和准则，也可称为社会规范。人的思维模式和行为模式会对创业过程产生深远影响。

与其他学科比较，音乐知识属于"隐性知识"范畴。学生对音乐知识和音乐技能的领悟往往是通过感性角度。虽然也有一定的逻辑性，但音乐本身属于比较感性的范畴，很难通过图表等直观教具对音乐知识进行表达和解释。尤其是一些演奏技能知识，在教学中很多时候需要教师进行一对一教学，才能有较好的教学效果。学生对音乐领悟的过程可能是漫长的，有时接触到一个新的音乐表演技能或者是音乐理论，其领悟时间可能需要几周甚至更长。

实际的创新创业教育教学过程跟音乐知识的教育过程，可能存在一定的差异。创新创业教育并非简单的知识讲授，不能机械地将创新创业知识内容搬到课堂。创新创业的学习不仅仅是知识的传授，更应该是创新创业思维和行为模式的学习及建立，应引导学生从创业思维和行为模式上对教授的创业知识进行理解。学生要在与周围环境的互动过程中，逐渐构建起创新创业的知识结构和体系。应发挥学生学习新知识的主观能动性，激发其主动对知识进行选择、加工、建构，教师提供指导和帮助。

创新创业活动模式跟音乐学习的模式有很大不同，所以音乐类的大学生非常有必要了解自己，接受专业的创新创业导师的指导，在思维模式和行为模式上进行提升，也为以后的创业打下坚实基础。

（四）查询企业信用的方式

初创公司在日常经营中，需要与其他公司合作并签订合同，在查询对方企业信用方面，可通过国家企业信用信息公示系统。

通过该系统能够查询到在我国登记的市场主体，包括市场主体的注册登记、许可审批、年度报告、行政处罚、抽查结果、经营异常状态等信息。在该系统首页搜索栏输入需要查询的企业名称，或者输入统一社会信用代码，可快速搜索出相应的企业信用信息。也可输入查询企业的关键字，该系统会对关键字进行匹配。如果通过关键字搜索出来的结果非常多，很难确认哪个是真正需要查询的企业，这时可展开筛选条件，在已经查询出来的结果中，缩小查询范围。当选择某个企业条目，即进入到该企业信用界面，在该界面可以清楚地看到该企业的基础信息，包括营业执照信息、企业住所、企业类型、法定代表人、营业期限、经营范围，还有该企业的行政许可信息、行政处罚信息、列入经营异常名录信息、列入违法失信名单信息、公告信息等。

通过全国企业信用信息公示系统，能够快速地查询到企业的信用信息，规避与不守信用的企业合作，有效避免合作风险。

三、案例分析

案例一

创业项目：全口味面馆

创业成员：某大学食品科学专业 3 名毕业生

资金来源：自筹

创业经过：某大学食品科学专业的 3 名同学，经常到附近面馆就餐。其中一名同学提出合开一家面馆，于是 3 人对学校周围的各种面馆进行调研，得出一个结论——如果有一家能够做出适应各种顾客口味需求的面馆，盈利的同时在市场竞争中也能处于有利地位。那么，如何才能做出各种味道的面？3 人认为面是不变的，关键在于调味料。于是他们利用自己在大学学到的食品专业知识，通过网上查阅资料，对调味料进行研究开发，并筹集创业启动资金，在人流量相对大的商业位置开了家面馆。几个月后，顾客流失严重，面馆倒闭了！

案例二

创业项目：经营特色商品的小超市

创业成员：某大学 1 名毕业生

资金来源：向亲戚朋友借钱

创业经过：某大学生毕业后在一家公司上班，几乎每天加班，而且工资不高。他渴望自己也能当老板，赚更多的钱。某一天，他发现自己所住的小区超市生意不错，人流量也大。经过简单的数学计算后，他得出结论——在小区开一间小超市肯定能盈利。那么开什么类型的超市好呢？卖日用品，薄利多销，卖出去一件也赚不了多少钱，还要经常搬货卸货。卖高价特色商品，一件货物赚得多，也不用天天搬运货物。于是，他四处借钱筹措资金，在小区里开了一间高价特色商品超市。经营了几个月后，特色商品超市因资金链断裂倒闭。

案例三

创业项目：团购网站

创业成员：某团购团队

资金来源：早期主要是天使投资

创业经过：某团购网站一上线，立即引起广泛关注。该团购网虽不是国内首家团购 2.0 网站，但却是第一家引起较大关注的团购网站。一年后，该团购网获得资本 5000 万美元的 B 轮融资。几个月后该团购网站销售额超 2.5 亿元人民币，稳居团购业第一。在千团大战期间，很多团购网站砸钱投放广告，很多同事以及投资人都建议该创始人也大力砸钱做宣传，但是创始人顶住压力不做广告。这一决策帮助他牢牢地抓住了现金流，在之后的竞争中优势逐渐明显。随着团购网站市场风云突变，行业内有个别企业出现资金链彻底断裂的现象。于是，该团购网站在竞争对手遇到资金问题衰退时，利用手中的现金优势，及时收购了行业内破产企业并吸纳了相关人员，迅速壮大了业务，并稳健地扩大市场份额。

案例四

创业项目：线上音乐平台+线下涉音乐场所

创业成员：创始人+团队

资金来源：自筹+融资

　　某创业团队通过打造线上音乐平台来整合线下分散的音乐场所。如向线下录播室、艺术中心、咖啡馆、酒吧、KTV 等音乐场所提供线上音乐平台的入驻机会，并收取一定的线上平台入驻费。在创业初期，该团队的盈利模式得到市场认可，盈利比较可观。但是，该创业团队在线上音乐平台尚未形成稳定竞争优势的情况下，就贸然投入大量资金推进线下业务，如开办线下广州店、线下北京店。由于新发展的线下店选址不够精准，导致新店人流量不足，线下店生存艰难，极大地拖累了整个创业团队的精力和资金，甚至影响到线上音乐平台的发展。与此同时，其他竞争者后来居上，使得该团队所打造的线上音乐平台线上流量大量流失。最后该团队的线上音乐平台不得不停止运营，新扩展的线下店也随之倒闭。

小　结

　　本章论述创业风险相关的概念，从创新创业的案例引入，通过案例分析，引导读者对创新创业过程中可能出现的各种风险进行思考。同时论述了在对音乐类大学生进行创新创业教育时需要注意的方面，并提出了作者的个人思考。

　　创新创业本身就是机会与风险并存的过程。大学生作为创新创业者，属于初入社会的人群，其自身的资本和经验有限，因此要时刻保持清醒的头脑来分析和评估所遇到的风险和机遇。另外，大学生创业者在创业过程中会与他人组成团队来提升自身应对风险的能力，这也是创业者在创业路上值得重点考虑的方式之一。市场的激烈竞争要求大学生抓住机遇、克服困难，逐步树立企业文化，构建更好的组织机构，以使创立的企业不断壮大，并获得持续发展。大学生创业者要积极应对创业路上的风险，进行合理的风险管理。

章节思考

　　请问本章案例分析中的创业活动可能遇到哪些创业风险？

附　录

附录一、星海音乐学院案例：盛世华筝——打造高端专业的古筝生态圈

"如果每个人都要学一门乐器，那这门乐器为什么不能是古筝？如果西洋乐器能够在国内日益繁荣，那民乐走向国际有何不可？如果国内古筝市场前景可观，那么最具影响力的专业古筝艺术市场服务商为什么不能是我们？"

以辨识度高的民族乐器古筝为起点，通过对民族音乐文化的传承、延续与保护，推动民族音乐繁荣发展，增强文化自信，这是"盛世华筝——打造高端专业的古筝生态圈"项目建立的初衷，也是项目团队坚定的使命。

星海音乐学院"盛世华筝——打造高端专业的古筝生态圈"曾获得2020年第六届中国"互联网+"大学生创新创业大赛广东省决赛师生共创组银奖、第十二届广东省"挑战杯"大学生创业大赛广东省决赛师生共创组银奖、星海音乐学院第三届大学生"创新创造创业大赛"校内决赛师生共创组一等奖。

（一）成熟的商业模式是项目可持续发展的必要条件

"盛世华筝"聚焦于民族乐器古筝，形成集"演、赛、培、考、筝"五位一体的一站式古筝生态圈的商业模式，致力于打造全国最顶端的国际古筝音乐节、最权威的国际古筝赛事、最专业的古筝教学体系，最直接的古筝销售链条，大力推动古筝普及教育。

1. 演出

"盛世华筝"品牌成立之本是以全国最顶端、最权威的国际音乐节为主导，推动古筝普及市场的繁荣。"盛世华筝"品牌自2017年成立以来，以"盛世华筝——让世界听见"为主题举办了三届大型音乐节，共举办24场音乐会，演出人员超2000人，观众人数达5万余人，成了国际高端古筝活动的里程碑。2018至2019年间，"盛世华筝"音乐会走出国门，足迹遍布美国、加拿大、德国、英国等国家，与国外孔子学院、音乐学院交响乐团合作演出，在国际上产生了巨大反响（见图8-1）。

图8-1　音乐节盛况　（照片来源于星海音乐学院）

2. 比赛

在古筝生态圈中，"盛世华筝"仍然保留了古筝的大型赛事，从2017年到2020年，"盛世华筝"品牌举办的赛事从2017年的30场增加到2019年的95场，参与人数从2017年的2520人到2019年的3万人。2020年，在新冠肺炎疫情的影响之下，"盛世华筝"与互联网相结合，成功举办了"首届互联网古筝大赛"，报名人数达5万人之多。4年总计参赛人数达到9万人，成了全国参与人数最多，地域覆盖率最广的古筝专项赛事（见图8-2）。

图8-2　近年"盛世华筝"举办的比赛场次与参赛人数变化情况

3. 培训

随着"盛世华筝"古筝音乐节产生的巨大影响，项目团队深入了解全国老师的迫切需求，现已自主研发了两大教学体系：古筝与多媒体相结合的LC趣味教学体系、古筝重奏教学体系。同时开发了与这两项课程相匹配的师资培训体系，创编了《LC四维古筝基础课程》10册，《盛世华筝·中国古筝音乐新作品曲集（一）》。

为保障专业水平，"盛世华筝"每年开展两次人才培养计划，免费提供演出平台、学术交流平台及专家教授名家指点，着力培养古筝演奏家，并把优秀古筝人才推送到公众的视野。

截至2020年，师生培训人数达11 000余人，强大的教学系统更是提高了琴行对老师的岗前培训效率，明确了教师教学检测标准，让机构最大程度地达到了资源的优化配置，以持续不断地创造商业价值（见图8-3）。

图8-3　课程情况 （照片来源于星海音乐学院）

4. 考级

在古筝培训、演出、比赛结合的模式之下，"盛世华筝"教学程度不断深入、教师队伍不断扩大，并与中国民族管弦乐学会和星海音乐学院进行深度合作，在全国范围内举办民乐考级。其中，中国民族管弦乐学会考级承办单位举办的考试中，广东每年考级人数6000余人；星海音乐学院考级承办单位举办的考试中，广东省每年考级人数2000余人。同时，优秀教师可以在星海音乐学院进行师资认证，形成业余学生—专业学生—专业教师的良性循环（见图8-4）。

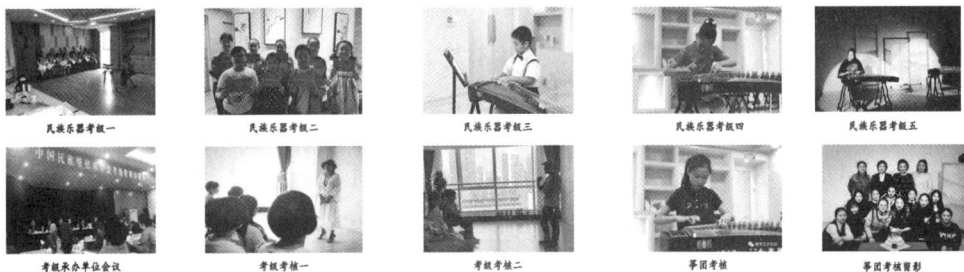

图8-4　考级情况 （照片来源于星海音乐学院）

5.售琴

"盛世华筝"拥有自主品牌"音田""弦臻"古筝，这两个品牌的产品包含便携式古筝到纯手工定制筝，一共五个档次，以"市场全覆盖，分阶段销售"的模式，年销售量500余台，自主研发的古筝配件年销量达1000余套（见图8-5）。

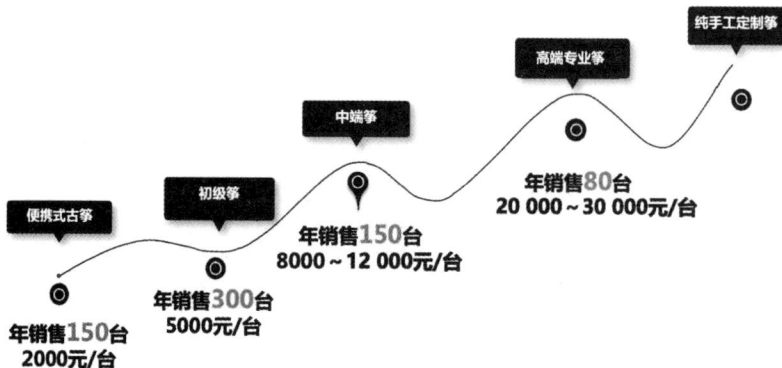

图 8-5　古筝年销售情况

同时两大品牌都由著名制作大师监制、著名演奏家代言，且有"盛世华筝"活动平台宣传推广的加持，古筝的品质、品牌、效益都有充分保障。

（二）专业的团队是项目成功运营的关键

"盛世华筝"团队由星海音乐学院创新创业学院副院长陈蔚旻（见图8-6）担任项目导师，成员主要由星海音乐学院毕业及在读本科生、研究生构成，是一支专业性、成熟度、创新性高的年轻化师生团队。

项目导师陈蔚旻为著名古筝教育家、演奏家，岭南筝派传人，多年来主持并参与国家级、省级艺术基金及科研专案、院级科研项目，获得多项国际级、国家级、省级"优秀指导教师"奖项。

图 8-6　"盛世华筝"项目导师陈蔚旻

其丰富的古筝演奏、教学与科研工作经历，不仅培养了大批优秀岭南筝派传承人，更是对项目每一个环节质量的把控、项目方向与规划的引导、各界资源的整合起到了巨大作用。

陈蔚旻是星海音乐学院国乐系古筝副教授、弹拨教研室主任、研究生导师、广东省古筝学会会长、中国民族管弦乐学会普及民族音乐艺术委员会办公室副主任、中西部高等学校青年骨干教师国内访问学者、星海音乐学院创新创业导师、"岭之南"古筝室内乐团团长兼艺术总监、中国潮州筝学会副会长、广东汉乐协会客家筝分会副会长、中国音协古筝学会理事、中国民管古筝专业委员会理事。

项目成员均来自星海音乐学院古筝专业，硕士研究生李仪萱为项目总负责人，负责项目五大板块的实际运营，统筹项目落地执行。项目成员各有所长，在教学研发总监、赛事总监、考级总监、销售总监、资源总监、宣传总监各个岗位发挥自身的优势（见图8-7）。

图 8-7　项目团队成员介绍

（三）稳定的经济效益是项目成长的基石

"盛世华筝"以五位一体的商业链，形成了完整的项目营收体系，几年来实现了利润的可持续增长，且目前已形成全国招商加盟的商业模式。截至 2020 年，全国已有 40 家连锁加盟店，广东省内占比 85%，省外占比 15%，全国总门店达到 97 家。加盟商按年缴纳加盟费用，享有五大板块的资源的优先使用权，总店与加盟商相互配合，共同培育"盛世华筝"品牌形象，将古筝生态圈推广至全国乃至世界。

2018 年至 2019 年，项目营业额从 580 万元扩大到 740 万元，演出、比赛、培训、古筝销售为公司创造了良好的经济效益；前两年大量的资金用于教学体系研发、古筝品牌研发、活动场地租赁、品牌形象的维护和业务板块拓展等方面，从数据可看出营业额持续扩大，成本基本持平，净利润稳步提升。疫情期间，公司提出了可行的规避风险举措，较好地降低了疫情带来的经济损失，我们相信2020年营业额可达到相对持平。

（四）不断扩大的社会效益是推动民族文化繁荣的立足点

为扩大古筝的受众群体，拓展古筝的展演，2017年"盛世华筝"开启了普及学术交流之先河——首创大型古筝情景音乐剧《大国·丝路》，并于澳门首演，随后开展全国及全球巡演，在各地反响热烈。

"盛世华筝"一直以弘扬中华民族传统文化为己任，2019年，"盛世华筝"创造了万人古筝共创吉尼斯世界纪录的壮举，惊艳世界；同年7月，在陈蔚旻教授的号召下，全广东省优秀古筝教师、古筝爱好者、古筝机构于星海音乐学院举行"千人古筝共奏庆祝建党98周年"活动（见图8-8）。

图8-8　千人古筝共奏庆祝建党98周年　（照片来源于星海音乐学院）

此次活动是为庆祝党的生日，更是为坚守民族音乐传承的信念，为探索民族音乐文化的传承与创新，提升国民音乐素质与文化审美、增强文化自信，贡献了自己的力量。学习强国对这一盛况设立了专题报道，链接流量一天达26万人次，同时也进一步增强了古筝在全国的知名度与影响力。

此外，团队致力于开展各类型的公益活动，自2017年起，每年拿出60万元资金，以线上线下结合的模式开设公益课程、公益讲座、公益音乐会，开展艺术进社区、进农村等活动，受益人群达到13 000人，让更多人走近古筝、了解古筝、学习古筝。

"盛世华筝"古筝生态圈，培养了不计其数的优秀古筝教师以及古筝专业人才，生态圈内部已经形成了创业就业的闭环，创业教师开设机构，提供就业岗位；待业人员进入机构就业，完美实现了岗位输出和人员输入的创业就业的循环。作为中国民族文化的传播与推动者，永不忘传承发扬民族文化的初心，让古筝艺术在世界的舞台上发光发亮。

附录二、艺术院校学生创新优势——以星海音乐学院为例

星海音乐学院位于岭南文化中心——广州，这里钟灵毓秀，音乐文化底蕴深厚（见图8-9）。

图8-9　星海音乐学院　（照片来源于星海音乐学院）

学校深深植根于岭南这片人文沃土，浸染着岭南音乐文化的精魂，始终遵循"求真、尚美、崇德、敬业"的校训，以培养高素质音乐与舞蹈人才为己任，弘扬星海精神，传承优秀岭南音乐文化。

（一）专业优势

作为音乐专业院校学生，星海学子创新创业首先具有极大的专业优势；而在国家鼓励大学生创新创业的大背景之下，政府不断出台相关有利政策、校方积极响应颁布举措，更使得星海学子的创新创业有着优越的环境优势与资源优势。

学校以音乐与舞蹈学学科为主，协调发展相关艺术学科，目前共设有音乐学系、作曲系、钢琴系、管弦系、艺术管理系、乐器工程系、舞蹈学院、创新创业学院等18个本科院（系、部），专业涵盖了作曲与作曲技术理论、音乐学、录音艺术、音乐表演和舞蹈等各个领域。

作为华南地区唯一的高等音乐专业学府，学校注重学生知识、能力和素质的协调发展，强调创新人才培养模式；遵循高等艺术教育的客观规律，建构起学科课程、人本课程和社会课程"三位一体"的创新型课程体系；重视教学质量，根据音乐舞蹈艺术专业特点和人才培养目标，制定了严密的教学质量监控体系。

获奖成就：

2020年8月，学校在第六届中国国际"互联网+"大学生创新创业大赛广东省分赛中荣获1个银奖、2个铜奖（见图8-10）。

图8-10　第六届中国国际"互联网+"大学生创新创业大赛广东省分赛　（照片来源于网络）

由国乐系古筝专业的同学组成的"盛世华筝"团队致力于打造多元化古筝生态圈，由艺术管理系本科生组成的"昱文化策划工作室"致力于为艺术项目提供高质量的产品与服务。

由乐器工程系、音乐教育学院、国乐系学生联合中山大学南方学院、鲁迅美术学院的学生组成的"粤府挖筝"团队，希望为对"筝"乐器有不同需求的购买者提供精准服务。

专业化的课程体系与严格的教学质量监控，为学生的在校学习生活提供有力保障，这都使得星海学子在音乐、舞蹈方面有着难以比拟的专业优势，所获成绩有目共睹。依靠扎实的专业素质及优异的综合素质，未来星海学子创新创业也将同样值得期待。

（二）资源优势

根据相关意见通知，教育部在"十二五"期间开始实施国家级大学生创新创业训练计划（简称"国创计划"）。国创计划包括创新训练项目、创业训练项目和创业实践项目三类，面向中央部委所属高校和地方所属高校，经费由中央财政、地方财政共同支持。该计划意在通过实施，促进高等学校转变教育思想观念，改革人才培养模式，强化创新创业能力训练，增强高校学生的创新能力和在创新基础上的创业能力，培养适应创新型国家建设需要的高水平创新人才。

2015 年，国务院办公厅颁布《关于深化高等学校创新创业教育改革的实施意见》，提出全面贯彻党的教育方针，落实立德树人根本任务，坚持创新引领创业、创业带动就业，以推进素质教育为主题，以提高人才培养质量为核心，以创新人才培养机制为重点，以完善条件和政策保障为支撑，加快培养规模宏大、富有创新精神、勇于投身实践的创新创业人才队伍。

2019 年，为深化高校创新创业教育改革，提高大学生创新创业能力、培养造就创新创业生力军，教育部印发《国家级大学生创新创业训练计划管理办法》，进一步明确对大学生创新创业的管理与各项支持，明确国家级大学生创新创业项目的申报条件。

以上相关法规政策的出台，为各院校人才培养提供了新的方向与要求，同时也为学生创新创业能力的实践与培养提供了有力保障。

为学习宣传贯彻习近平新时代中国特色社会主义思想和党的十九大精神，秉承"兴趣驱动、自主实践、重在过程"的原则，星海音乐学院积极响应国务院及教育部的文件意见，颁布了《星海音乐学院深化大学生创新创业教育改革实施方案》，为在校师生广泛搭建实习实训平台，创造良好的大学生创新创业环境。

在为一众师生创新创业项目的提出与研究提供了场地、设备、经费、人力等坚实丰富的基础条件的同时，其他全方位、多方面的举措也进一步深化星海音乐学院创新创业教育工作。

2019 年 11 月，星海音乐学院成立大学生创新创业协会。协会会员由校内创新创业教育学生工作者组成，以更专业的视角、更丰富的实战经验，为在校师生带来更加切实有用的建议和帮助。2019 年，星海音乐学院同步开展创新创业训练营，通过开展创新创业基础课程，为同学们提供创新创业指导，组建创新创业组织和团队，引导同学们参与、开展创新创业项目。2020 年，创新创业训练营在线上持续推进，继续开展大创项目申报、双创大赛、项目辅导、企业调研、项目招标、产品推介、双创导师论坛等校内外实践活动，活跃了创新创业氛围，提升了创新创业项目的质量，建设了校内创新创业线上线下基地，形成"后鸟常飞"的双创常态（见图 8-11、图 8-12）。

图 8-11　星海音乐学院第二届"创新创业创造"大赛暨创新创业导师论坛

（照片来源于星海音乐学院）

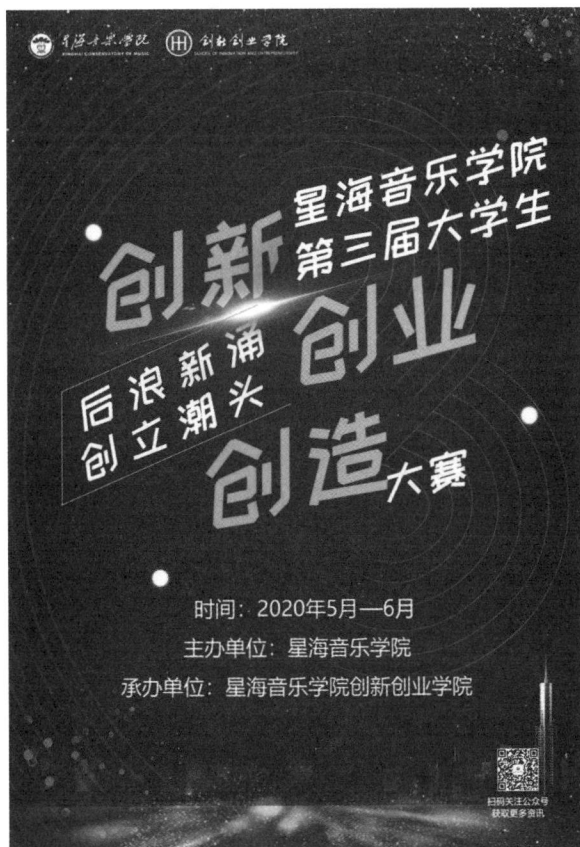

图 8-12　星海音乐学院第三届"创新创业创造"大赛 （照片来源于星海音乐学院）

在国家及学校的多重政策文件支持下，星海音乐学院学生有着各方面的优渥资源，创新创业之路也更平坦宽阔。

（三）时代优势

随着经济发展进入新常态、就业总量压力变大、结构性矛盾凸显，同时资源环境约束日益强化，要素的规模驱动力逐步减弱，传统的高投入、高耗能、粗放式发展方式已难以为继。

2014 年，在夏季达沃斯论坛开幕式上，国务院总理李克强首次提出"大众创业、万众创新"，推动众创、众包、众扶、众筹的系统性政策，有利于创新创业的政策不断出台，释放出清晰而明确的信号：创业创新在中国经济中的地位正被提到前所未有的高度，也获得了空前的支持。人才是创新的核心要素，创新驱动实质上是人才驱动，迫切需要深化教育教学改革，加快培养富有创新精神的人才队伍。从中央到教育系统，全面、深入开展创新创业教育改革已成为共识。

这是中国创新创业最好的时代，为中国青年一代追寻人生意义提供了无比广阔的舞台。新时代中国青年应以创新的勇气、创业的实干、创造的能力，托举起新时代中国之命运、中华民族之命运、中国人之命运！

附录三、艺术类院校创业产品选择

艺术类院校多以音乐舞蹈、美术类为出发点,可衍生出诸如在线教育、专业用品、普及交流、演出资源、艺术应用等系列创业产品。

(一)在线教育平台

中国在线教育行业萌芽于 20 世纪 90 年代末,随着科学技术手段的发展,以及受新冠肺炎疫情影响催化出的线上授课手段,加速了在线教育渗透率提升。

《2020—2026 年中国在线教育行业市场消费调查及发展前景分析报告》显示,消费占比最高的为在线职业教育,紧随其后的是 K12 在线教育及在线语言培训,而与音乐、舞蹈、艺术相关的在线教育占比却并不明确。

在音乐、舞蹈、艺术逐步受到重视和在线教育蓬勃发展的今天,作为艺术院校的学生,可搭上网络发展的快车,打造在线教育平台。

(二)艺考培训信息平台

由于市面上各种培训信息良莠不齐,老师、同学、家长说法各异,各人学习程度不一、院校目标也不尽相同,艺考生在备考前时常感到迷茫:

该如何进行合理的备考规划?

该如何找到真正专业的老师?

该如何避免"黑心机构"的套路?

针对此类情况,创业产品可以考虑打造艺考培训信息平台,整合各类艺考培训资料,为考生们提供客观准确的培训信息,让考生"少走弯路"。

如打造"艺考直通车"为用户提供艺考查询、招生考试等信息服务。可设置题库、考生交流圈、学校机构信息等板块,提供艺考新动态等信息服务内容。艺考培训信息平台可为用户提供培训机构查询,包括课程设置、师资力量等;设置师生交流板块,更直接地咨询、更全面地获得资讯;为用户提供一对一定制服务,根据考生具体情况,作出个性化推荐,量身定制培训备考方案。

需要注意的是,定制服务所需资源整合程度较高,其所耗费的人力与资金也是巨大的,在实施时需考虑成本问题。

(三)艺术普及与教育平台

虽然随着生活水平的提高,大众群体的个人艺术素养也日渐提高,但对于大多数人来说，音乐舞蹈艺术仍然是可望而不可即的存在。

如何让所谓的高端艺术走进普通人的生活？

如何用更简单直接的方式诠释音乐舞蹈艺术？

如何让普通人以更方便快捷低投入的方式了解与学习艺术？

针对此类情况，建议学生打造艺术普及与教育平台。

在艺术普及与教育平台中，将用户群体打上标签。例如，依据不同年龄层区分为儿童（12岁以下）、少年（12～18岁）、青年（18～30岁）、中年（30～55岁）、老年（55岁以上）。依据不同群体区分为中小学生、大学生、自由职业者、上班族、退休人群。依据不同收入水平区分为无收入、低收入、中等收入、高收入。

针对标签群体的不同需求，推出差异化服务：

①建设社区板块，同类用户可在此进行分享与交流；

②进行分类信息推送，使其适合不同用户的品位；

③设计不同等级的艺术普及课程，贴合用户学习需求。

类似于艺术信息培训平台的定制服务，标签化下的差异服务，同样需要考虑成本投入。

（四）学习监督平台

无论是专业还是业余的艺术学生，都离不开大量的练习。然而，当学生们失去老师或家长的监督，总会面临自制力的挑战：偷懒还是练习。如果有办法能让大家一起学习、互相监督、共同进步，问题就会迎刃而解。

首先，打造专属艺术学生的学习监督平台，招募线上教师，提供课后陪练服务；其次，建设虚拟练习室并安排坐班老师，学员自由进入练习室开启摄像头进行练习，由老师进行监督；同时，设计学员监督机制，制定奖惩规则，**使偷懒被禁止，让每位同学的努力都被看见**。

由于大量用户同时进入，该平台的建设必须考虑网络稳定以及后台服务器的维护问题。

（五）艺术教育机构师资培训平台

现今，各类教育机构如雨后春笋般涌现，艺术教育机构自然也不落后。随着艺术教育机构越来越多，其对教师的需求量急剧增加，这也导致了艺术教育机构师资力量良莠不齐。

建议打造针对艺术教育机构的师资培训平台，设计专业化、系统化、等级化的艺术培训课程，邀请权威专家授课。艺术教育机构可凭机构名义进入平台，申请培训课程，定期组织机构老师进行培训，保证师资水平。同时，不同艺术教育机构可进行线上交流，分享各自的艺术培训经验，甚至实现机构师资互换交流。

由于受众为艺术教育机构教师，平台内容设计一方面需要提高教师自身艺术水平，一方面需要引进科学的教学方法和教学系统。

（六）艺术教育活动需求平台

众所周知，音乐、舞蹈、艺术教育离不开实践，绝大多数家长都十分乐意自己的孩子参与艺术比赛或是夏/冬令营等的实践活动。然而，要组织这样的实践活动，对于机构而言，时常由于缺乏活动管控而举办得不够理想；另一方面，对于学童家长而言，则是缺乏了解及参与的渠道。

为此，建设艺术教育活动需求平台，邀请机构、活动策划团队、学童家长入驻可作为学生创业团队的切入点。

第一步，机构可在平台发布活动策划方案，对比赛或是夏/冬令营的举办要求进行说明，交由专业团队进行策划执行，亦可发布活动信息，吸引更多家长及学童的参与。

第二步，家长可在平台上了解到不同类型、不同形式、不同组织单位的艺术实践活动，根据自身实际情况及意愿选择参加。

在建立此平台时，需要注意机构及活动的权威性，避免出现大量无意义的活动。

（七）移动练习平台

当艺术学生离开家与校园，总是难以找到合适的练习专业技能的地方。因此，可以利用"共享"的概念，建立共享琴房、共享舞室，打造移动练习平台。

第一，在线下建造共享琴房与共享舞室，搭配线上平台，实现"无人经营、有人使用"。

第二，在线上打造移动练习平台，录入共享琴房、共享舞室信息，显示地点及使用情况，实行预约制。

第三，设计管理制度，若出现破坏琴房、舞室的情况，可进行合理追责。

在建设线下琴房、舞室时，需选择合适地点，避免空置。

（八）音乐舞蹈专业用品平台

学生在学习音乐与舞蹈的过程中总会需要一些专业用品，比如乐器、乐谱、舞鞋、练功服等，学生们大多通过专业老师推荐渠道，或是自行在网络购物平台上进行购买。由于学生对专业用品不了解、无法进行同类产品的比较，在此过程中难免产生忧虑。

针对音乐、舞蹈学生的需求及其存在的问题，可以打造与音乐舞蹈专业用品相关的平台。

（九）乐器维修、损耗保养平台

音乐专业的学生日常在使用乐器的过程中会使乐器产生一些损坏，尽管可以通过老师帮忙或者联系厂商等途径进行维修保养，但若没有这些渠道，对于其他业余爱好者来说，难以联系到专业的维修保养师傅。

可以通过建设乐器维修与损耗保养的平台，邀请各乐器品牌厂商入驻，满足用户多样化需求；设立维护点，提供专业维修保养；实行咨询预约制，提供有效的解决方案，避免无用功。

（十）高端乐器乐谱交流平台

对于部分"高端玩家"来说，已经不满足于使用普通乐器、演奏普通乐谱，需要一些更精美的乐器以及珍稀乐谱。

第一，推出高端乐器乐谱交流平台，展示高端乐器、建立珍稀乐谱库；第二，用户可在平台上晒出自己收藏的乐器或乐谱，进行学习交流；第三，为用户设立会员等级，到达等级、拥有一定的权限才能解锁新的资源库；第四，对于这些乐器及乐谱，甚至可以进行友好拍卖，增加流通。

在此类"高端玩家"平台中，一方面需要搭配贴心周到的顾客服务，另一方面由于所涉资金数额不菲，也需要有相应的安全监管机制。

（十一）精细化乐种学习、交流平台

为起到艺术推广、提高全民艺术素养的作用，可创建艺术普及与交流平台。

在此基础上进行细化，可对艺术普及内容进行细化，打造精细化的乐种学习与交流平台。

1. 音乐剧普及、交流平台

音乐剧又称歌舞剧，是 20 世纪出现的一门新兴的综合舞台艺术。它集音乐、歌曲、舞蹈、对白为一体，广泛采用了高科技的舞美技术，不断追求视觉效果和听觉效果的完美结合。其音乐通俗易懂，深受大众欢迎。

在音乐剧普及、交流平台中，可对这一艺术种类进行详细介绍，对音乐剧、歌剧等相似的剧种进行区分。同时，对经典剧目及不同风格、不同题材的剧目进行分类讲解、分区预览，用户可选择自己感兴趣的剧目进行讨论。

2. 爵士乐普及、交流平台

爵士乐起源于 19 世纪末 20 世纪初的美国，讲究即兴，是非洲黑人文化和欧洲白人文化的结合。其主要风格有：新奥尔良爵士、摇摆乐、比博普、冷爵士、自由爵士、拉丁爵士、融合爵士等。

对于小白来说，能了解并区分这么多种风格的爵士乐并不是什么容易的事情。在平台上，系统可以对不同风格的爵士乐进行详细的介绍，同时也会为用户推荐各种风格的代表乐队与代表曲目。

3. 民族器乐普及、交流平台

民族器乐即中国的独特乐器，代表着中华传统音乐文化，当今所流行的民族器乐一般有筝、箫、笛、唢呐、二胡、琵琶、鼓等。

现在，越来越多的人对中华传统文化感兴趣，民族乐器、国风音乐的关注度也日渐增加，越来越多的人认识到，其实民族乐器并不仅只有以上所提及的乐器，还有更多历史悠久的特色民族乐器。但尽管民乐关注度在日渐提高，大众群体也难以从专业的角度了解那些仅为少数人所知的民族乐器，更不会进入演出场所欣赏演奏。

因此，打造民族器乐普及、交流平台，将中国特有的民族器乐推广出去，使它们重新被大众"看见"，十分有必要。

4. 其他乐种普及、交流平台

众所周知，音乐也分为不同的种类，具有不同的风格，比如交响乐、民歌、阿卡贝拉等。针对不同的乐种，可参照"爵士乐普及、交流平台"，打造属于不同乐种的精细化普及交流平台。

5.各舞种普及、交流平台

舞蹈同样分为不同的种类，包括芭蕾舞、拉丁舞、中国舞等各具特色的舞种。同样的，可以针对不同舞种作出不同的推送内容，设置交流板块，打造精细化普及交流平台。

（十二）演出平台

音乐舞蹈艺术离不开表演，在演出从无到有、从幕后到台前的一系列环节中，涉及资源、运营、执行等部分。拆分演出环节，可打造具有针对性的各类与演出相关的平台。

1.演出观赏平台

2019 年至今，受新冠肺炎疫情的影响，不少线下人群聚集性场所停运或进行人流量的管控，演出场所为谋求出路，开始探索线上演出空间，经过长时间的尝试，取得了较为良好的成效。在线上演出日渐发展的今天，我们可以抓住机遇，打造线上演出观赏平台，汇总不同类别的音乐、舞蹈、戏剧演出，可分为"国内原创音乐、戏剧"及"国外引进音乐、戏剧"两大板块。在平台中，可发布不同来源的音乐及戏剧，进行集中宣传。

2.演出团体运营平台

说到演出，就少不了演出团体。可打造演出团体招募平台、演出团体包装及宣传平台以及演出兼职信息发布平台。

（1）乐队、舞团招募平台。

在平台中，邀请演出组织方及不同的乐队、舞团入驻，由组织方发布演出具体信息及相关要求，吸引相关乐队舞团的加入，为组织方寻找到更优质更契合的演出内容，也为乐队舞团提供演出展示的平台。

（2）音乐形象包装、运营策划、宣传公关平台。

在该平台中，主要提供音乐形象包装、相关运营策划及宣传公关服务。可设计不同的独家宣传活动，如"让 idol 为你唱歌""让 idol 为你做一件事情"等，利用 idol 自身人气以及粉丝的力量，达到更好的营销效果（idol 指偶像）。

（3）演出兼职信息发布平台。

在演出现场执行过程中，需要大量的工作人员，而对于艺术院校学生或其他对音乐、舞蹈、艺术感兴趣的群体来说，也需要一些可以在演出现场执行的工作机会。因此，可在平台上集中发布各种演出兼职招募信息为双方搭建桥梁，让需要工作机会的群体及时获取可靠的应聘信息，同时为他们提供咨询服务等。

（4）演出设备平台。

演出中不可避免地会涉及许多专业设备，如舞台设备、舞台道具、舞台背景、舞台服装等。

①舞台设备采购交流平台。

舞台设备包括灯光、音响、投影等，对演出完整度及演出内容的呈现具有重要的作用。打造舞台设备采购交流平台，更有利于以较低的成本获得更优质的设备，得到更好的舞台效果。

②舞台道具、舞台背景采购交流平台。

舞台道具和舞台背景与舞美设计有关，有些特殊的道具在市面上难以找寻。所以可以打造一个针对舞台道具及背景的设计、定制、租赁、采购平台，使特殊的设计需求能得到满足，不造成资源浪费。

③舞台服装采购、租借交流平台。

演员在演出中需要特定的服装，针对这些特殊服装，可打造一个定制、改造、租借与销售为一体的交流平台，使每场演出对服装的特殊需求都能以高效快捷的方式得到满足。

（5）演出资源平台。

演出的成功筹备与进行，需要多种资源支持，比如乐队、乐团演出需要的乐器、乐谱和相关音频资源，舞蹈编排需要的相关音视频资源等。针对不同演出种类，挖掘并汇总不同资源，整合信息平台，使更多的资源更容易被发现，为用户提供快速便捷的服务。

（十三）音乐、舞蹈应用平台

除了音乐与舞蹈本身，也可以将其与其他非艺术的元素结合，衍生出更多可能性。

1. 音乐、舞蹈治疗体系平台

将音乐、舞蹈、艺术与治疗手段结合，利用听觉、视觉以及肢体动作，对部分心理疾病患者的治疗进程起到辅助作用。

将平台分为线上与线下两个部分。线上平台功能主要分为三个部分：线上咨询，由治疗师在线解答患者疑问；场景体验，展示音乐治疗场景，使患者获得直观的感受；预约线下服务，填写时间、联系方式等相关信息。预约线下治疗后，则主要与医疗机构进行合作，制订方案后开展实际治疗。

另外，在此类平台的建设运营过程中，也需参考专业医师的意见。

2. 音乐餐吧运营

将音乐与美食结合，在线下开设音乐餐吧，用音乐营造优雅舒适的环境，使食客身心愉悦，更好地品尝美食。

为了使餐吧更具辨识度与竞争力，可打造主题风格音乐餐吧，加入流行元素，成为网红打卡点。

3. 活动策划平台

市场上存在着许多活动策划需求，比如婚庆活动策划、策展、会议策划等，因此，可以打造活动策划平台，为顾客提供专业化、全链条式的活动策划服务。根据客户需求，在调研、分析后量身定制策划方案，并链接至专业的活动执行团队，为客户提供最方便、最快捷、有质量的服务。

4. 个性音乐、舞蹈定制，编曲、编舞平台

很多人想拥有属于自己的音乐、想为演出准备原创舞蹈，但是难以实现。打造线上定制平台，为有需求的客户群体提供个性化的音乐、舞蹈定制服务是较为有市场的创业产品。可根据时下需求定制指定风格、时长的音乐或舞蹈，根据歌词进行作曲，根据歌曲进行编舞等等。平台邀请编曲人、舞者入驻，实行预约制，在满足客户需求的同时也为编曲者、舞者积累人气。

5. 音乐、舞蹈游戏设计、运营平台

设计一款音乐、舞蹈游戏，在玩游戏的同时，利用网站平台让用户参与游戏设计。用户除了在平台上对游戏提出意见建议之外，还可以进行游戏的模拟修改及设计，在模拟器上模拟出心目中的游戏。

另外，游戏的设计运营及平台的设置需要大量的技术支持。

6.文化慈善平台

打造文化慈善平台，在平台上进行线上公益音乐、舞蹈演出，组织团队下乡进行公益演出或公益音乐、舞蹈教学，通过平台进行乐谱、乐器、舞蹈服饰、物件等收藏品慈善拍卖活动。平台所得资金均用作慈善，定期向公众公示，做到公平、公正、公开，完成音乐舞蹈艺术的社会使命。